MA FRANCE

FABIEN ROUSSEL

AVEC LA COLLABORATION DE LAURENT WATIEZ

MA FRANCE

HEUREUSE, SOLIDAIRE ET DIGNE

le cherche midi

Laurent Watiez, ancien journaliste à *La Voix du Nord*, travaille aux côtés de Fabien Roussel depuis 2017.

Vous pouvez consulter notre catalogue général
et l'annonce de nos prochaines parutions sur notre site :
www.cherche-midi.com

92, avenue de France
75013 Paris

Conception graphique : Justine Dupré
Composition : Peter Vogelpoel
Dépôt légal : septembre 2021
ISBN 978-2-7491-6917-0

AVANT-PROPOS

Une France heureuse, belle et fière. Est-ce faire preuve d'idéalisme que de fixer une telle ligne d'horizon, quand la menace d'une reprise de la pandémie rôde encore à l'heure où j'écris ces lignes ? Je ne le pense pas une seconde. Au contraire, je le dis avec force, avec conviction, avec passion : nous avons tous les atouts pour envisager l'avenir avec enthousiasme, avec l'envie de vivre et de retrouver notre bonheur collectif !

C'est vrai, notre pays a traversé, au cours des mois qui viennent de s'écouler, de douloureuses épreuves. Il a ployé sous les effets d'un virus dévastateur. Il a parfois perdu patience, s'est emporté contre l'impréparation et les messages contradictoires. Mais la crise sanitaire a aussi révélé notre force, celle d'un peuple courageux, travailleur, solidaire, entreprenant. Nous avons vu des hommes et des femmes continuer à travailler, malgré tous les risques et parfois pour des salaires de misère. Ils ont assuré leur mission « coûte que coûte », auprès des malades, auprès des enfants comme auprès des personnes âgées, mais aussi dans les grandes surfaces, dans les usines ou dans les champs. Nous avons vu des retraités reprendre leur poste, des travailleurs précaires fournir de précieux services, des organisations syndicales agir afin que les salariés puissent remplir leurs missions dans les meilleures conditions de protection possible, des associations organiser les distributions d'aide alimentaire, des élus locaux mobiliser tous leurs agents pour parer à l'urgence, répondre aux besoins de chacun, assurer la sécurité sanitaire de tous. Nous avons vu des dirigeants d'entreprise, souvent des PME-TPE, faire œuvre d'imagination, avec les salariés, pour poursuivre leur activité.

Qu'elle est forte et courageuse cette France-là, celle de ces travailleuses et travailleurs qui ont tenu le pays à bout de bras. Rien à voir avec ces grandes multinationales, ces financiers et ces actionnaires des grands groupes qui ont choisi de faire des profits sur le dos de la pandémie. Il suffit de voir à quel rythme les 500 familles les plus riches de France ont vu leur fortune progresser sous la présidence Macron : entre 2016 et 2021, leur patrimoine total est passé de 570 milliards à 1 000 milliards d'euros. Soit une augmentation de 75 % !

Rien d'étonnant en réalité, quand on sait, et je l'ai dénoncé à l'Assemblée nationale comme dans mon tour de France des entreprises, que ce gouvernement a délibérément fait le choix de « libérer le capital », en baissant les impôts des grandes fortunes et des multinationales avec les suppressions de l'ISF, de la taxe de 3 % sur les dividendes et des impôts de production, avec l'instauration d'un prélèvement forfaitaire unique de 30 % sur les revenus du capital et la transformation du CICE en baisse de cotisations, et avec la baisse de l'impôt sur les sociétés des multinationales. La liste des cadeaux offerts au capital est longue. Mais pour disposer de cet argent destiné aux plus riches, l'actuel Président a dû faire des coupes claires dans les dépenses publiques. Les dégâts sont terribles. Pour nos services publics, pour nos communes, pour l'État, considérablement affaibli.

Comment faire face à l'arrivée d'une pandémie dans de telles conditions? Notre modèle social, tant décrié par les libéraux, a été fortement sollicité. Et il a tenu bon. Notre Sécurité sociale, financée par nos cotisations, a pris en charge la totalité des soins des personnes infectées, mais aussi les tests, les vaccins, les congés maladies. Ce ne fut pas le cas dans de nombreux pays. De même, le système de chômage partiel, qui existait avant la pandémie, a pu être élargi et a permis d'éviter à des millions de salariés et de travailleurs indépendants de tomber dans la pauvreté. La mise en place d'un fonds de solidarité pour les PME et TPE a aussi été déterminant. C'est là que nous pouvons mesurer le rôle et l'importance de l'État, de l'impôt, des cotisations, et donc de la dépense publique qui en découle.

Les services publics, remarquables, ont été mis à rude épreuve, tant ils ont été affaiblis ces dernières années. La reconnaissance de la nation auprès des personnels soignants, marqués à vie par l'épreuve, est immense. Mais il faut leur accorder bien plus que de la reconnaissance. Il est temps de les écouter et de leur donner vraiment les moyens d'assurer leurs missions correctement, partout en France, et non pas se contenter, comme l'a fait le Ségur de la santé, d'accorder quelques revalorisations sous forme de primes.

Qu'elle est belle cette France, solidaire et digne ! Et pourtant, tout le monde ne partage pas ce point de vue, à l'image de ce gouvernement ou des financiers qui refusent de reconnaître cette richesse et cette force issues du monde du travail. À tel point que les salariés, les citoyens, les retraités, les jeunes ont plutôt le sentiment d'être stigmatisés, d'être pointés comme les responsables de nos difficultés : car, pour les libéraux qui nous gouvernent, les Français ne travailleraient pas assez, ou pas assez longtemps, ou ils coûteraient trop cher. Quelle erreur ! Quel mépris ! Pour moi, c'est tout l'inverse. La solution, c'est le monde du travail. Et le problème, c'est la finance !

Avec mon ami journaliste Laurent Watiez, nous voulions raconter ces tranches de vie, cette France du travail, ces combats, ces moments de bonheur ou de colère partagés depuis 2017, l'année de l'élection du président Macron, le « Président des riches », qui a mis le pays à feu et à sang et a tant creusé les inégalités. Ce livre nous plonge aussi dans mes premières années de député, celles au cours desquelles je porte le fer, avec d'autres, contre la fraude fiscale, mais aussi celles où je parcours la France, à l'écoute des travailleurs, pour défendre, avec eux, leurs emplois, l'industrie ou les services publics.

Je raconte aussi les Gilets jaunes, qui apparaissent en novembre 2018, bousculant les partis, les syndicats, mais surtout le gouvernement qui choisissait d'un côté d'aider les plus riches, mais de l'autre taxait les salariés et les retraités. Au même moment, les communistes tenaient un congrès exceptionnel, qui s'est traduit par un changement d'orientation voulu par les adhérentes et les adhérents. Durant ces journées particulières, les cadres et les militants de ce parti centenaire ont tout fait pour maintenir l'unité et rester soudés.

Et ce sont ces mêmes adhérents, 30 217 d'entre eux très exactement, qui ont choisi de me désigner, le 9 mai 2022, comme leur candidat à l'élection présidentielle, après des mois de discussions et les votes des instances dirigeantes. Nous sommes le seul parti de France à pouvoir compter sur cette force militante et à faire vivre de la sorte la démocratie et la souveraineté de ses adhérents. C'est dire l'importance que nous accordons au principe intangible selon lequel « chaque voix doit être respectée ».

Ce livre ne constitue pas pour autant mon programme. J'aurai d'autres occasions de le présenter dans sa globalité et sa cohérence. J'ai fait plutôt le choix de raconter ici des combats, des événements, des rencontres qui ont marqué mon engagement, pour rendre le récit vivant. Entre septembre 2019 et juin 2021, pendant cette période particulièrement marquée par la pandémie, je me suis déplacé dans 41 départements, pour aller à la rencontre de salariés de 102 entreprises du public et du privé, dont beaucoup issues de l'industrie. J'ai aussi voulu vous livrer mon état d'esprit sur des questions majeures pour l'avenir du pays, comme le travail et l'emploi, la jeunesse, le climat ou encore la paix.

Car ma France, c'est aussi celle qui doit retrouver une voix forte, indépendante, parler au monde comme elle l'a fait aux plus belles heures de son histoire depuis la Révolution française. Nous ne vivons pas seuls sur cette planète. Les conflits n'ont jamais été aussi nombreux et notre pays, malheureusement, a préféré s'aligner derrière les États-Unis.

Concernant le climat, nous sommes dans la décennie où il est encore temps de prendre les mesures drastiques qui s'imposent pour stopper l'usage des énergies fossiles, pour modifier nos modes de production et atteindre une empreinte carbone nulle en 2050. Nous y parviendrons si nous arrivons à reprendre le pouvoir à la finance, à donner tout son sens à la démocratie, si nous sortons des logiques capitalistes qui exploitent autant les hommes que les ressources naturelles, si nous développons une énergie décarbonée, dont nous sommes les champions grâce à nos centrales nucléaires et à nos barrages hydroélectriques. La France a une responsabilité essentielle. Elle peut faire la démonstration, à l'échelle du monde, que cette révolution est possible, nécessaire, en mettant en place un autre modèle économique, plus respectueux des êtres humains et de la planète. Un nouveau cycle doit s'écrire.

C'est tout cela que je raconte, à travers mes yeux de militant, de député et d'élu local de Saint-Amand-les-Eaux. Je crois profondément au bonheur, comme j'ai confiance en l'être humain. La richesse de la France, c'est vous, c'est nous, ce sont ces femmes et ces hommes qui, dans leur grande diversité d'origines et d'opinions, travaillent, créent, s'entraident. Cette richesse est là, sous nos yeux, vivante, inventive, exigeante. Ce livre n'en révèle qu'une part, car même plusieurs volumes ne suffiraient pas à raconter ces millions de vies.

« C'est ça la France », comme le chante Marc Lavoine, et c'est à elle que je m'adresse. C'est pour elle que je m'engage.

On dit souvent que nous sommes responsables de la Terre que nous laisserons en héritage à nos enfants. Mais de quels enfants héritera la planète demain ? C'est cela qui me préoccupe davantage. Portons un bel idéal collectif et faisons en sorte que la planète hérite d'une jeunesse toujours mieux formée, émancipée, autonome, qui, une fois adulte, bâtira un nouveau modèle économique social, solidaire et écologique, qui mettra fin aux guerres, aux inégalités, aux folies économiques de ces dernières décennies et placera le bonheur de chaque être humain au cœur de tous ses choix.

1

Un Nordiste à la tête du PCF

Communiste en 2021 ? Je persiste et je signe !

Les journalistes adorent me poser cette question : « M. Roussel, quel sens cela a-t-il d'être encore communiste en 2021 ? » À chaque fois, j'ai envie de répondre, du tac au tac : « Tant qu'il y aura des injustices et de la pauvreté dans le monde, je resterai communiste ! » Mais c'est trop court. L'interpellation mérite qu'on s'y arrête davantage, tant elle suggère qu'un seul modèle, le capitalisme, aurait le droit d'exister sur notre planète, de toute éternité. Je le confesse volontiers, je n'ai pas appris le communisme dans les livres. J'ai par exemple lu très tardivement le *Manifeste du parti communiste* de Marx et Engels. En revanche, la première chose que j'ai comprise, très tôt, c'est que lorsque l'on veut mener un combat, on a besoin d'être organisé, de coordonner ses actions et d'agir ensemble. On peut toujours individuellement dire « non » à l'Apartheid, dans son coin, mais cela ne mène pas très loin. En tout cas, c'est pour cela que je rejoins le parti communiste, après mes deux ans passés au Vietnam, où mon père travaillait en tant que journaliste à *L'Humanité*, au début des années 1980.

À l'époque, je suis au lycée Louise-Michel de Champigny-sur-Marne. Un jour, je vois deux jeunes élèves communistes qui distribuent un tract contre l'Apartheid en Afrique du Sud et pour la libération de Nelson Mandela. Je m'empare de la feuille et des idées qui vont avec. Je suis indigné par ce qui se passe là-bas, mais je ne sais pas quoi faire pour me rendre utile. La Jeunesse communiste, elle, organise des actions et propose une réunion pour ceux qui veulent y participer. Mon choix est fait : j'adhère avec enthousiasme pour mener un combat en faveur de la dignité humaine, pour la défense d'un peuple qui subit un régime indigne du XXe siècle. C'est aussi pour cela qu'on adhère au parti communiste en France, pour être solidaire des peuples qui souffrent, comme aujourd'hui les Palestiniens, qui veulent vivre en paix aux côtés des Israéliens, et comme tant d'autres à travers la planète. Et puis nous avons une force particulière : nous sommes un parti de militants, de gens actifs, motivés, organisés, volontaires. Très tôt, je tombe dans la « marmite ». Je rédige des tracts pour sensibiliser d'autres lycéens à l'Apartheid, j'organise des manifestations dans la rue, dans le but d'accueillir, dans le lycée, des militants de l'ANC (le Congrès national africain, le parti de Nelson Mandela). Ils n'avaient alors qu'un seul point d'appui pour venir en France : le parti communiste. C'est Georges Marchais qui avait fait le choix d'engager le PCF tout de suite dans ce combat-là. Je nous revois encore, tous réunis sous le préau, fébriles, avec les deux Sud-Africains, membres de l'ANC en campagne en France et qu'on avait fait rentrer clandestinement. La Jeunesse communiste organisait la tournée des lycées avec ces deux militants qui ne parlaient que l'anglais ! C'était un événement considérable, mais périlleux aussi. Le proviseur était fou de rage. Il a fallu les exfiltrer au bout de dix minutes de prise de parole. Par la suite, on a mené des actions plus dures, comme l'intrusion dans l'ambassade d'Afrique du Sud à Paris. Cela donnait de la visibilité à notre action étudiante.

Une autre fois, mon activisme m'a carrément conduit au poste. Ce jour-là, on avait envahi le magasin Fauchon, place de la Madeleine, pour protester contre le remboursement des emprunts Giscard, si favorables aux riches et tellement ruineux pour la nation. Fauchon, pour nous, c'était le repaire des riches, là où tout est tellement cher qu'ils sont sûrs de rester entre eux. On est entré chacun à notre tour, l'air de rien, et une fois regroupés au centre de la boutique, on a déployé une banderole pour réclamer du boulot pour les jeunes. Au bout d'une demi-heure, deux cars de CRS ont déboulé pour faire le ménage. Du brutal. On s'est retrouvés au commissariat, assis en rang, les mains sur la tête. Ce jour-là, les policiers ont cherché à nous humilier, à nous rabaisser. On m'a poussé dans une pièce, puis on m'a demandé de me déshabiller, complètement. Certains de mes copains – nous étions une dizaine au total –, ont même eu droit à une fouille corporelle. J'avais 16 ou 17 ans et je n'ai rien oublié de ces moments.

Le boulet du stalinisme

On nous parle toujours du stalinisme, comme si nous étions responsables ou comptables de cette histoire-là. Le bilan de cette période, qui a coûté si cher en vies humaines mais aussi au mouvement communiste international, a été dressé avec lucidité et courage par des historiens communistes. Georges Marchais lui-même, avec son livre *Démocratie*, avait imprimé la marque d'un communisme à la française. Ces campagnes de dénigrement permanent contre nous, spécialement à l'approche de chaque échéance électorale, ne poursuivent en réalité qu'un seul but : tuer l'idée révolutionnaire du communisme. Bien souvent, les donneurs de leçons occidentaux oublient le rôle déterminant de l'URSS dans la lutte contre le nazisme.

J'ai passé deux ans au Vietnam, au début des années 1980. C'était huit ans après la fin officielle de la guerre. Les Américains avaient quitté Saigon, devenue Hô Chi Minh-Ville, en avril 1975. J'ai pu voir comment ce pays arrivait à s'en sortir, difficilement, aidé par la seule URSS, sans le moindre soutien des pays occidentaux : la France, l'Europe, et encore moins les États-Unis n'ont bougé le petit doigt. Aujourd'hui encore, les victimes de l'agent orange répandu par les Américains se battent pour faire reconnaître leurs droits, y compris ceux des enfants qui naissent mutilés. C'est dire les atrocités justement commises par certains régimes, au nom d'une lutte impitoyable contre l'idée communiste.

Le communisme est bel et bien un projet de société qui porte la démocratie en son cœur. Et s'il n'y a pas de modèle exportable, duplicable, il y a bien un idéal dont l'ambition est universelle en plaçant l'être humain, l'émancipation humaine, l'appropriation collective des pouvoirs, des savoirs, des richesses au centre de tous les choix. Le Parti communiste français a toujours défendu un tel projet de société, ancré dans la culture française et inspiré par la Révolution de 1789. Il s'est émancipé des partis communistes d'Union soviétique ou d'Asie et sa lecture, aujourd'hui, n'a rien à voir avec la leur. Je ne partage pas, par exemple, l'idée du parti unique, qui suppose l'interdiction de contester, comme en Chine. Je ne partage pas cette vision parce qu'elle est contraire à notre conception de la démocratie.

Être communiste n'a pas le même sens partout. Nous sommes différents. Le peuple français n'est pas le peuple chinois, qui lui-même est éloigné du peuple cubain. Le communisme n'est pas un programme qui s'applique, quel que soit le pays ou le peuple, suivant des principes gravés dans le marbre. C'est même tout l'inverse. Le communisme, c'est une réflexion permanente, un mouvement d'idées au service de l'être humain. Ce n'est surtout pas un dogme. Le capitalisme, ça, c'est un dogme ! Au nom de la liberté d'entreprendre, c'est le chacun pour soi qui règne en maître, partout, pour gagner le plus d'argent possible. Le communisme, c'est l'inverse, c'est la mise en commun de nos richesses, de nos aspirations, de nos forces. Il s'incarne dans les grands combats qu'il a menés, souvent avec d'autres, comme lors des mobilisations de 1936, le Front populaire, puis l'union dans la Résistance, avec le général de Gaulle, les conquêtes sociales de l'après-guerre... C'est ça, le Parti communiste français. C'est Fernand Grenier qui initie le droit de vote des femmes, c'est Ambroise Croizat qui lance la Sécurité sociale... Avoir une carte de la Sécurité sociale dans sa poche, c'est un peu comme si on avait sa carte du Parti communiste français ! Il faut être fier de ce passé-là.

Dans ces conditions, la question du changement de notre nom a-t-elle un sens ? Elle revient en tout cas régulièrement, à la veille d'un congrès ou en fonction de l'actualité. Il y a aussi toutes ces campagnes de dénigrement incessantes, jusqu'à celle récente de l'Union européenne, qui a tiré un trait d'égalité, sans faire de distinction, entre nazisme et communisme, entre Staline et Hitler. C'est scandaleux. C'est oublier le nombre de communistes déportés, tués par les nazis parce qu'ils étaient communistes. C'est oublier ces communistes qui ont fait le choix de s'engager dans la Résistance, en France, en Europe et qui ont payé de leur vie le combat contre une idéologie barbare et raciste. C'est oublier les 26 millions de morts en URSS, le pays qui a payé le plus lourd tribut dans ce conflit. Cette association entre communisme et nazisme me dégoûte d'autant plus que plusieurs pays d'Europe, au lendemain de la guerre, avec la complicité des Américains, ont sciemment fait le choix de réhabiliter d'anciens nazis pour mener leur croisade idéologique contre les communistes. N'oublions jamais qu'en France, avant le déclenchement de la guerre, une partie de la bourgeoisie affichait sa préférence pour Hitler face au Front populaire de Maurice Thorez et de

Léon Blum. Les mêmes ont fait le choix de collaborer. Nous, nous avons fait le choix de résister.

Je ne veux donc pas tomber dans le piège de l'autoflagellation. Car il y a le poids de toutes les conquêtes sociales que les communistes peuvent revendiquer et qui redorent l'image du communisme. Mais ce n'est peut-être pas suffisant. C'est pourquoi je me bats, depuis que je suis secrétaire national, pour qu'on accole au logo du Parti communiste français le slogan « L'humain d'abord ». Ce mot d'ordre est né dans le Nord, lors d'une marche pour l'emploi que nous avions initiée. Il a été repris ensuite par mon copain, le chanteur de Marcel et son orchestre, Franck Vandecasteele, lorsqu'il était candidat aux élections cantonales. Il synthétise joliment notre identité, à laquelle il faudrait ajouter la planète. Je souhaite que l'on soit toujours le parti communiste, mais aussi le parti de l'humain d'abord. Le groupe de l'humain d'abord. Les élus de l'humain d'abord. Parce que c'est l'humain qui doit primer aujourd'hui, dans tous nos choix. Aucun parti n'a cent ans comme le nôtre. Les autres changent de nom, au rythme de leurs échecs, mais pour quel résultat ? Le Rassemblement national, quel que soit son nom, reste un parti porteur de haine et de division. Et la droite peut bien s'appeler UDR, RPR, UMP ou Les Républicains, elle reste la droite. Elle défend toujours les riches, ne veut pas de l'impôt de solidarité sur la fortune, dénonce le rôle de l'État, la dépense publique… On peut ajouter une idée, mais sûrement pas renier un passé.

C'est qui, Fabien Roussel ?

Quand je suis devenu secrétaire national, il m'a fallu d'emblée faire face à toutes sortes d'interrogations. Comme dans la chanson de Pierre Vassiliu, j'entendais siffler l'air du « qui c'est celui-là ? ». Ce n'est pas à moi de dire, bien sûr, quelle est mon originalité, ma « patte » par rapport à tel ou tel de mes prédécesseurs. En revanche, je sais une chose, c'est que j'habite à Saint-Amand-les-Eaux et je compte bien y rester. Les pieds ancrés dans ma région du Nord, à l'écoute des gens. Ce n'est qu'une partie de la France, mais elle est à l'unisson de celle que je retrouve dans les usines, dans les services publics, les exploitations agricoles, à travers mes déplacements dans le Sud, dans l'Est, en Bretagne, partout… J'ai besoin de tous ces contacts et c'est pour cela que j'ai choisi de ne pas vivre à Paris sept jours sur sept, comme le parti me l'a proposé et comme le font, je pense, la plupart des responsables nationaux. C'est vrai que ce serait plus pratique, notamment pour répondre au travail de l'Assemblée nationale, sans parler des réunions du parti, des manifestations hebdomadaires et des sollicitations des médias. Mais c'est ainsi, je préfère continuer à voir les gens avec lesquels je vis ici, mes voisins, mes amis, mes collègues du conseil municipal, les maires, les associations des communes de ma circonscription, les salariés des entreprises, auxquels je suis attaché et qui me racontent ce qu'ils vivent. Quand on est coupé de cela, je pense qu'on est coupé de trop de choses.

Dans mes discours, ou dans les médias, j'emprunte souvent des mots ou des idées entendus ici, dans ma circonscription ou dans mes déplacements, et que je n'entendrais pas si je vivais en vase clos à Paris. Pour parler à toute la France, il faut la connaître de l'intérieur.

Ce choix de rester vivre à Saint-Amand-les-Eaux est tout sauf anecdotique. Certes, il engendre aussi une forme de manque, celui de ne pas tisser de liens étroits, sincères et importants avec des économistes, des philosophes, des historiens, des artistes, qui vivent pour la plupart à Paris. Il y a tout un mouvement, très important, qui m'échappe un peu. Je le confesse, c'est un tourment et un handicap. Je me prive de certaines rencontres. Pour compenser, je lis beaucoup, je me nourris comme je peux et, bien sûr, je profite de chaque occasion pour échanger avec des intellectuels. Ce sont toujours de précieux moments pour moi, sources de réflexions nouvelles et parfois de prémices à une action politique. C'est ainsi que ma rencontre avec l'économiste Gabriel Zucman, le 20 septembre 2018 à l'Assemblée nationale, a suscité la proposition de loi sur le prélèvement à la source des bénéfices des multinationales.

Mes échanges avec le philosophe Henri Peña-Ruiz, la psychanalyste Élizabeth Roudinesco, Didier Leschi, directeur général de l'Office français de l'immigration et de l'intégration, Jean-Louis Bianco, président de l'Observatoire de la laïcité, les responsables d'associations, d'ONG comme Jean François Julliard de Greenpeace, le réseau Action Climat, France Nature Environnement, les organisations de jeunesse, les lanceurs d'alerte comme Nicolas Forissier, sont à ce titre très riches et m'ont permis d'avancer sur les thèmes de l'écologie, de l'évasion fiscale, de l'identité, de l'universalité, de la nation, de l'immigration. Tout aussi indispensables sont les discussions régulières que j'ai avec des responsables syndicaux nationaux, comme Philippe Martinez ou Laurent Berger, ou avec ceux de l'industrie et des services publics. Ces liens étroits que nous devons construire sont indispensables pour un parti comme le PCF.

Concernant mes prédécesseurs, je n'ai évidemment pas connu Maurice Thorez, mais le discours qu'il a prononcé en avril 1934, en prélude à la construction du Front populaire, est pour moi une référence très importante. Je me souviens l'avoir fait imprimer et distribuer en 2014, alors que j'étais secrétaire fédéral du Nord. C'est un texte toujours d'actualité à mes yeux.

Georges Marchais, lui, je l'ai rencontré et j'ai toujours beaucoup d'affection pour ce qu'il représente. La période durant laquelle il était aux commandes lui imposait de lourdes responsabilités. Il fallait non seulement assumer le programme commun mais aussi composer avec l'opposition des deux blocs, russe et américain. Il fallait faire des choix difficiles. C'est lui qui s'est démarqué le premier de l'URSS parmi les dirigeants communistes, sans se placer du côté des Américains. C'était quand même compliqué de tenir les deux bouts, entre le boycott des Jeux de Moscou en 1980 et de ceux de Los Angeles en 1984. Dans un tel contexte, ce qu'a réussi à faire Georges Marchais est remarquable. Il a mis en avant l'Union du peuple de France, la démocratie au cœur de notre projet, la nécessité de produire en France et de défendre l'industrie afin de préserver la souveraineté de la nation, mise en cause lors du premier septennat de Giscard. Beaucoup de ces combats sont tellement d'actualité aujourd'hui.

Nombreux considèrent encore sa candidature à l'élection présidentielle de 1981 comme un échec. Lui aussi d'ailleurs l'a vécue comme tel, puisqu'il pensait faire beaucoup mieux. Mais pour moi, il a mené une campagne exemplaire, populaire et combative. Le score qu'il a obtenu, même en deçà de ses espoirs, a obligé François Mitterrand à nommer des ministres communistes au gouvernement et à mettre en œuvre des réformes que le parti communiste portait, notamment l'impôt sur les grandes fortunes. Quarante banques ont été nationalisées, dont la BNP, la Société Générale, Rothschild… ainsi que de nombreuses industries. Sans les 15,3 % de Georges Marchais lors du premier tour de cette élection, ces réformes n'étaient pas mises en œuvre. Certes, cela n'a duré que deux ans. Mais c'est justement cette leçon-là qu'il faut retenir : ne pas se contenter de déléguer le pouvoir à des représentants. Au contraire, il faut donner les moyens aux citoyens de garder la main, de contrôler. C'est pourquoi je mets autant en avant le besoin de redonner des pouvoirs d'intervention aux salariés dans les entreprises comme aux maires de nos communes, qui jouent un rôle essentiel.

Aujourd'hui encore, je me demande ce qu'aurait fait Georges dans telle ou telle situation. Le parti qu'il dirigeait était alors celui du monde du travail. Je souhaite que le Parti communiste français redevienne celui-là. C'est-à-dire celui qui s'adresse autant aux ouvriers qu'aux ingénieurs, aux agents des services publics, aux hospitaliers, aux agriculteurs, aux enseignants, aux commerçants, aux petits chefs d'entreprise... Ce monde du travail là n'a pas de perspectives, il est en souffrance et c'est à nous de lui tendre la main, de défendre ses droits et ses intérêts avec des propositions concrètes.

Un autre dirigeant continue de guider mes pas. Il s'agit d'Alain Bocquet, auquel j'ai succédé comme député de la vingtième circonscription du Nord, un siège qu'il a occupé pendant trente-neuf ans. Membre du bureau politique à l'époque de Georges Marchais, il aurait pu lui succéder. Il est toujours maire de Saint-Amand-les-Eaux, où je suis élu municipal. C'est dire si nos liens sont étroits. Chaque semaine, nous échangeons sur les affaires de la cité thermale mais aussi sur tous les sujets qui font l'actualité. Sa lucidité, son bon sens et son expérience, auxquels s'ajoute une profonde humanité, m'apportent de précieuses clés pour comprendre. J'en aurai grand besoin dans la période qui s'ouvre.

Rencontre décisive chez Marx

Novembre 2018 : dans quelques jours, si tout se passe bien, je serai investi à la tête du Parti communiste français. Ma préoccupation, à cet instant, est de parvenir au rassemblement le plus large possible. Pour cela, une ultime rencontre est programmée. Elle a pour but de finaliser un « accord », non écrit, entre Pierre Laurent et moi, sur l'issue que l'on peut donner ensemble au prochain congrès, programmé à Ivry-sur-Seine du 23 au 25 novembre 2018. On se retrouve donc ce matin-là, à la gare du Nord. Depuis que je suis député, je viens à Paris toutes les semaines. Ma vie est complètement bousculée. Pierre est sénateur et nos agendas parlementaires sont très chargés. Mais, lui comme moi, nous faisons tout ce qu'il faut pour trouver le moyen de nous parler et d'éviter de faire exploser le parti.

Si notre texte alternatif « Pour un manifeste du parti communiste du XXIe siècle » est arrivé en tête, parmi les trois soumis au vote, il n'a pas non plus recueilli 95 %, mais 42 % des suffrages exprimés par les adhérents ! La direction sortante, avec 38 %, pouvait très bien dire : « Bon, on a entendu le message, on va intégrer des remarques, mais on va rester au pouvoir quand même. » Pierre était d'ailleurs dans cet état d'esprit. Même s'il a évolué au fil de nos rencontres. Nous avons conscience, tous les deux, que ce qui vient de se passer est inédit. Grave même. Jamais, dans l'histoire de notre parti, le texte d'une direction sortante n'a ainsi été remis en cause. Nous savons, lui comme moi, qu'il faut à tout prix créer les conditions d'une unité la plus solide possible. Ce qui n'a rien d'évident.

Durant plusieurs semaines avant le congrès, on se retrouve ainsi tous les deux, en tête à tête, dans le repli de mon petit bureau de l'Assemblée nationale, au 101, rue de l'Université. On parle souvent le soir, à la seule lumière d'une lampe de bureau. Un cadre intimiste et propice à des discussions franches. Parfois, nous ne sommes pas du tout d'accord, notamment sur la façon de conclure le congrès. À présent, la date approche et il est temps de faire une proposition qui pourrait rassembler tout le monde. Et où se retrouve-t-on pour l'ultime rendez-vous ? À la gare du Nord, dans une brasserie tenue par Thierry… Marx! Quel clin d'œil de l'histoire pour moi qui suis député du Nord et qui m'apprête à devenir secrétaire national, le premier issu de la province depuis très longtemps.

Pierre accepte de ne pas se représenter au poste de secrétaire national, ce qu'il n'avait encore jamais concédé. Lui va devenir président du Conseil national. C'est son souhait d'avoir un poste important. Pourquoi pas, après tout? Il faut montrer que nous allons travailler ensemble. Que ce n'est pour lui ni une défaite ni une capitulation. L'équipe sortante n'est pas effacée, il n'y a pas de chasse aux sorcières. C'est la ligne de conduite que j'ai défendue depuis le début. Tout simplement parce que le parti est fait d'hommes et de femmes divers, avec des sensibilités différentes. C'est pour cela que j'ai accepté de devenir secrétaire national avec Pierre à mes côtés, en tant que président du Conseil national. C'est tout sauf un putsch. Le trésorier et la responsable du secteur international, proches de Pierre Laurent, vont eux aussi rester en place.

Les communistes veulent le changement

Est-ce que j'aurais pu faire autrement? En tout cas, le rapport de force était suffisant pour choisir une autre option, plus radicale. Les adhérents se sont exprimés sur les trois textes proposés dans la perspective du congrès. Et le résultat permettait une rupture. Mais je sens qu'il ne faut pas s'engager dans cette voie. D'abord parce que j'ai été secrétaire fédéral pendant longtemps. Et je sais bien que, même dans une fédération organisée comme celle du Nord, les débats entre nous sont vifs, des avis différents s'expriment sur les choix à faire, sur la manière d'appréhender les élections, de mener tel ou tel combat. Notre parti, contrairement à une image tenace, n'est ni uniforme ni monolithique. Faire vivre la diversité des points de vue, y compris lorsqu'il y a un basculement de direction, n'est pour moi pas une option. L'histoire dira si je me suis trompé, mais je pense qu'un changement d'orientation aussi fort, souhaité par des milliers de communistes, ne peut pas se faire sans respecter l'équipe précédente.

Pierre me propose d'abord de devenir porte-parole du parti, lui restant secrétaire national. Il avance aussi l'idée que je pourrais être le candidat du parti en 2022, en cas de candidature communiste à la présidentielle. Je lui rétorque que les attentes exprimées par le texte du Manifeste vont bien au-delà. La question n'est pas seulement d'avoir un candidat à l'élection présidentielle. Il y a aussi des aspirations fortes à mener certains combats, concernant la réindustrialisation du pays, l'emploi, la place du travail dans notre action, la nation et la souveraineté démocratique, économique… Et également des attentes sur la manière de mettre le parti en mouvement, sur l'organisation. Bref, ce n'est pas qu'une question de poste ou de place pour moi. Comme si le fait que je devienne porte-parole pouvait être la solution ! Je lui explique tout cela et lui indique clairement qu'avec une telle proposition au congrès il serait mis en minorité. Et moi aussi. C'est là qu'il a compris qu'un rapport de force était en train de s'instaurer.

L'ambition de changer profondément la direction du parti était majoritaire. Dans les fédérations, cela s'exprimait beaucoup. Il fallait que Pierre laisse sa place. Il a compris que s'il n'acceptait pas ce changement, tout pouvait arriver. Et là, c'était la foire d'empoigne ! Pierre a eu cette intelligence, cette force, d'admettre qu'il devait se retirer, dans l'intérêt de l'unité du parti. Ce n'était pas évident pour lui. D'autant qu'il a eu à faire des choix compliqués. Il a assumé l'animation du parti pendant dix ans, sans démériter, avec des sujets très difficiles à gérer. Être secrétaire national d'un parti politique, avec des militants, des élus, des statuts, des débats, n'est pas un long fleuve tranquille. C'est même extrêmement éprouvant. Je le sais aujourd'hui. Mais à ce moment-là de notre histoire, Pierre devait admettre que son départ était inéluctable.

Dans la tête de Pierre Laurent

J'imagine que cela a dû être très difficile pour lui, parce que j'ai bien vu qu'il a hésité longtemps. Je suppose qu'une partie de son entourage l'incitait à ne rien céder, à monter au front, à l'affrontement. Mais de la même manière j'avais moi aussi, dans mon cercle, des camarades qui me disaient de « tout prendre », sans faire de concessions. Il fallait que tous les deux nous résistions à la politique de la terre brûlée. C'est le choix que nous avons fait.

Pour Pierre, ce fut certainement un déchirement. Je l'ai réalisé pleinement quand il est monté à la tribune, en ouverture du congrès, le vendredi 23 novembre. Comme le veut la tradition, c'est le secrétaire national sortant qui ouvre les débats. Huit cents congressistes sont dans la salle. Une certaine tension est palpable. Ce congrès ne ressemble pas aux autres. Il y a de l'amertume, de la colère chez certains, de l'inquiétude et des interrogations chez d'autres. Pierre s'apprête à revenir sur les trois dernières années, et à annoncer les changements à la direction du parti. Je vois sur son visage que c'est difficile. Comment pourrait-il en être autrement ? Pierre n'est pas quelqu'un qui laisse filtrer ses émotions. À la fin de son discours, il évoque ce qu'il vient de se passer au sein du parti. Ce coup de tonnerre. Comment en est-on arrivé là ? Que lui reproche-t-on au juste ? L'émotion l'étreint. Les larmes lui montent aux yeux. Il a du mal à exprimer ce qu'il vit. Un moment très pénible, humainement. Pour moi aussi. Je me sens responsable de ce qui arrive. J'ai de l'amitié et beaucoup de respect pour lui. Son discours touche à sa fin. Il est à 50 centimètres de moi. Il parle, il annonce son départ puis sa gorge se noue… Je lui sers un verre d'eau pour l'aider. Ce n'est pas calculé, bien sûr, rien de tout ce qui se passe n'est prévu. C'est la vie. La salle applaudit. Il est ému et c'est moi, celui qui va lui succéder, qui lui donne de l'eau pour qu'il reprenne son souffle. C'est un simple geste de soutien, de fraternité, mais dont on a tous besoin. À ce moment-là, je sens que le congrès est bien parti.

Pourquoi Fabien Roussel ?

Quatre mois auparavant, ma femme, Dorothée, qui est une militante du parti, m'interpelle un soir à la maison. « Dis donc, chéri, j'ai cru lire sur les réseaux sociaux que des camarades te proposaient comme secrétaire national. Tu ne m'en as jamais parlé ou alors j'ai raté un épisode ? » C'est comme cela que j'ai appris ce qui courait chez les communistes. Mais je laissais dire, parce que je pensais que cela faisait partie du débat. Jamais je ne me suis imaginé que ça arriverait au bout. Il y en avait d'autres qui auraient pu faire un bon secrétaire national. Moi j'étais surtout un fervent partisan du changement, de cap et de dirigeants. Je défendais ce besoin-là, mais je ne pensais pas à moi pour l'incarner ! Je cherchais vraiment quelqu'un qui pouvait le faire. André Chassaigne, par exemple, aurait très bien pu assumer ce rôle de secrétaire national. Sauf que lui, dès le début, avait refusé, tout en suggérant que ce serait bien que quelqu'un comme moi prenne les rênes. Quand j'en parlais autour de moi, quand il m'arrivait de poser la question sur la succession à la tête du PCF, des secrétaires fédéraux, des responsables du parti me répondaient : « Il faut que ce soit toi qui y ailles, parce que tu es du Nord, une terre d'industrie, que tu représentes la nouveauté… »

À cette époque-là, je venais de faire une tournée dans de nombreuses « fédés » de France. J'avais parlé du « Président des riches », de ses choix budgétaires scandaleux, de la suppression de l'impôt sur la fortune… J'avais animé plusieurs débats, des militants et des sympathisants m'avaient découvert, un courant était passé. Il y a eu mes déclarations sur l'évasion fiscale, sur le patrimoine de Johnny Hallyday, sur les paradis fiscaux. Ma manière de parler aussi, dans laquelle beaucoup de camarades disaient se reconnaître, jouait en ma faveur.

Le pacte des sans-culottes

Début octobre, on se retrouve autour d'André Chassaigne au restaurant Les Sans-Culottes, dans le quartier de la Bastille. Encore un signe… Nous sommes une dizaine environ, des secrétaires fédéraux, des camarades, dont certains sont aujourd'hui dans la direction. La discussion s'engage sur le thème de l'après-congrès. Que fait-on ? Faut-il, au regard du nouveau rapport de force, changer toute l'équipe dirigeante et pas seulement Pierre Laurent ? Les militants ont voté pour le changement, mais doit-on tout renverser ? Bien sûr, on a tout fait pour arriver en tête, mais le fait d'y parvenir est une surprise. Agréable, certes, mais qui nous bouscule. Tout cela n'a pas été programmé, ni planifié de longue date. On n'a pas prévu qui serait secrétaire national, secrétaire à l'organisation, secrétaire… On n'a rien ! Il nous faut écrire la suite, à commencer par désigner notre candidat pour le poste de secrétaire national.

Autour de la table, entre la salade d'artichauts aux gésiers confits et l'épaule d'agneau au thym, les appétits s'ouvrent. Je sens bien qu'il y a des velléités. Je mesure aussi que, selon le choix qui sera fait, il existe un risque de fracture profonde pour le parti. C'est cette perspective qui va m'encourager à m'engager. André Chassaigne, qui lui aussi redoute ce scénario, pousse dans ce sens. Il intervient pour défendre l'unité du parti et promouvoir la construction d'une nouvelle direction en partenariat avec l'équipe sortante. Le bouclier arverne, comme toujours, a parlé juste. Il ne me reste plus qu'à défendre mon point de vue, c'est-à-dire discuter avec Pierre Laurent des conditions de son retrait, dans le respect de son action, de sa personne et de sa fonction.

Traditionnellement, c'est toujours le secrétaire national sortant qui propose son successeur. C'est une sorte de légitimité naturelle qui s'exprime. Et le choix du dirigeant est toujours respecté. Sauf que là, pour la première fois, le texte présenté par la direction sortante n'est pas majoritaire. Pierre Laurent est battu, mais pour autant je veux tout faire pour qu'il participe au processus de nomination, qu'il en partage la décision. C'est cela que je défends. Et c'est aussi pour cela qu'il est ému quand il monte au pupitre pour faire son discours.

Secrétaire national, ça fait quoi ?

Quand je suis élu, le dimanche en fin d'après-midi, je pense surtout à ce que je vais dire. J'ai travaillé mon discours pendant des jours et des jours. Il a été écrit, réécrit, corrigé, modifié et encore réécrit, jusqu'au dernier moment. Je sollicite plusieurs personnes, qui chacune ont un avis différent. Je me prends beaucoup la tête là-dessus, parce que j'ai toujours un doute, la peur de mal faire, la crainte d'une mauvaise formule, d'une référence inappropriée. Est-ce que mon propos va être juste jusqu'au bout? Est-ce que je vais convaincre ou toucher tout le monde? Voilà à quoi je songe en montant à la tribune. Et puis j'ai quelques flashs. Je pense à Georges Marchais, qui a été un grand secrétaire national. Je l'ai beaucoup apprécié, avec ses qualités et ses défauts. Et si je l'ai bien connu, ce n'est pas en tant que responsable du PCF mais plutôt comme le père de mon meilleur ami, avec qui j'ai partagé mes années de lycée, à Champigny-sur-Marne. Depuis, avec Olivier et toute une bande de potes de l'époque, nous ne nous quittons plus. Nos enfants ont grandi ensemble et cela fait plus de trente ans que cela dure.

Je sais qu'Olivier est là, dans la salle, avec toute la bande de copains et copines du lycée. La fidélité en amitié, ça compte. En politique aussi. Avant de commencer, j'aperçois les importantes délégations du Nord et du Pas-de-Calais, celles de ma région. Je pense à mes racines, à tous ces ardents combats, de ceux des gueules noires à ceux d'aujourd'hui. Je sais que c'est une fierté pour ces camarades d'avoir « un homme du Nord » à la tête du parti. Tout cela passe en un éclair. Je ressens un peu de vertige. La responsabilité est énorme, je sais que cela va être dur.

Il faut se rappeler qu'on est au mois de novembre 2018. À l'Assemblée nationale, les séances consacrées au projet de loi de finances se multiplient. Je ne dors pas beaucoup. La pression, physique et morale, s'ajoute à celle liée à la préparation du congrès. Je suis un député de terrain, je me rends à toutes les manifestations auxquelles je suis invité, essentiellement le week-end. En réalité, je suis en tension sept jours sur sept. Et pour couronner le tout, l'ouverture du 38e congrès à Ivry-sur-Seine coïncide avec les premières occupations de ronds-points par les Gilets jaunes.

C'est d'ailleurs la première décision que je prendrai, avec la nouvelle direction, en tant que secrétaire national du PCF : celle d'être sans réserve aux côtés des manifestants. Cela fait des semaines que je sens que la cocotte est en train d'exploser dans le pays. C'est pour ça que je tiens absolument à ce qu'il y ait une contribution de soutien aux Gilets jaunes lors du congrès, ce qui n'était pas prévu à l'origine. J'en parle aussi dans mon discours de clôture pour que le parti s'engage dans les semaines qui suivent. Je ne savais pas alors que la fronde allait durer un an, mais j'avais déjà compris que ce mouvement social était profond. Pouvoir d'achat régulièrement en baisse, sentiment d'abandon, mépris de ce gouvernement comme des précédents pour celles et ceux qui travaillent, suppression de l'ISF pour les riches mais hausse de la CSG et taxe carbone pour tous : la fronde vient des entrailles du pays, elle explose comme une colère trop longtemps contenue. Je me sens tellement proche de tous ces hommes et ces femmes que je côtoie toutes les semaines dans ma région.

Pour un nouveau dirigeant, ce contexte explosif impose une sacrée responsabilité. J'aurais pu hésiter d'ailleurs à l'endosser. Mais, dans les moments de doute, je repense à Michelle Demessine, avec qui j'ai travaillé pendant dix ans, en particulier quand elle était secrétaire d'État au Tourisme, dans le gouvernement de Lionel Jospin. Militante féministe depuis toujours, elle avait accepté de diriger un mouvement départemental de défense des droits des femmes, en plus d'un agenda déjà surchargé. « Quand on a des convictions et que l'on te sollicite pour les mettre en œuvre, tu ne dis jamais non, quelle que soit ta charge de travail », m'avait-elle alors expliqué. C'est une leçon à laquelle je me suis toujours tenu. Je me bats pour que mon parti change, pour qu'il soit en prise directe avec ce qui se dit dans le pays. Que son cœur batte au même rythme que celui du peuple de France. Alors, il n'y a pas à hésiter.

D'autant qu'en cette fin 2018 Emmanuel Macron est au pouvoir depuis un an et demi. Il fait des ravages terribles dans le pays. Il multiplie les injustices, comme autant de claques adressées aux classes populaires. Il allège sans honte les impôts des plus riches tout en augmentant ceux des plus modestes. Les premiers de cordée, loin de tirer les autres vers les sommets, coupent en réalité la corde qui soutient notre pacte social.

Les retraités sont priés de se serrer la ceinture avec la hausse de la CSG. Ce sont eux d'ailleurs qui manifestent, et c'est très rare, tous les mois depuis le début de l'année 2018 contre l'injustice qui leur est faite, contre la baisse insupportable de leur pouvoir d'achat. J'ai toujours pensé qu'ils avaient été les précurseurs des Gilets jaunes. Les étudiants, premiers concernés par la baisse mesquine de 5 euros des APL, vont bientôt les rejoindre dans les cortèges. Mais ça ne suffit pas. Le Président décide d'en remettre une couche avec l'instauration de la taxe carbone. C'est l'étincelle de trop qui enflamme le pays, soudain traversé par une énorme colère populaire.

Impossible de ne pas voir le déferlement qui gronde. Et pourtant, au parti communiste, certains s'interrogent sur les excès de langage d'une partie des Gilets jaunes, sur des propos racistes, populistes et sur une possible récupération par le Rassemblement national. L'interrogation est légitime. Mais l'inaction, elle, serait ravageuse. Il faut prendre les Français, et surtout celles et ceux qui décident de se révolter, tels qu'ils sont et pas tels qu'on aimerait qu'ils soient.

Le monde du travail entre en éruption et le Parti communiste français resterait en marge ? Je ne peux l'imaginer. La colère est fondée. Elle a explosé et maintenant il faut lui donner du contenu, des perspectives, de l'espoir. C'est notre rôle. Et ça nous fait du bien aussi d'entendre tout ce qu'il se dit dans ce mouvement. C'est pourquoi je participe activement, avec d'autres camarades, à la première marche du 17 novembre 2018. Il y en aura bien d'autres. Je rentre de plain-pied dans le mouvement au nom d'un principe réaffirmé : le Parti communiste français est sur les bons rails face au pouvoir de Macron.

Le parti communiste sens dessus dessous

Quand je deviens secrétaire national, le parti communiste est en crise, personne ne peut le nier. Son influence est en chute libre, à l'image des derniers scores électoraux. Mais s'il y a eu des erreurs d'appréciation, elles ne remontent pas seulement à l'époque de Pierre Laurent. L'une d'elles, la plus importante selon moi, reste l'analyse erronée que nous faisons du résultat du référendum sur le projet de traité constitutionnel européen, en 2005. Nous avions pourtant mené une très belle campagne. C'est un moment important dans l'histoire du parti parce que c'est une bascule vers une plus large audience. Le PCF, avec Marie-George Buffet à sa tête, bénéficie comme les autres de temps d'antenne pour déployer nos arguments contre ce texte ultralibéral, pour prévenir de la casse de nos services publics, de la mise à mal programmée de notre industrie et de la dégradation de notre souveraineté. Ce temps, elle fait le choix de le partager avec d'autres, Jean-Luc Mélenchon notamment. Cette démarche de rassemblement, c'est le propre du Parti communiste français et Marie-George a eu raison de la conduire. Il fallait le faire. À tel point que le « non » l'a emporté, malgré tous les pronostics inverses, que certains avançaient avec beaucoup de condescendance. L'erreur, en réalité, nous l'avons faite après, dans notre analyse du résultat. Nous avons pensé tout simplement que le « non » l'ayant emporté à 54,68 %, il y avait donc 54,68 % de Français antilibéraux et anticapitalistes, au sens où nous l'entendons. Or, s'il y avait bien un fort rejet du libéralisme doublé d'un attachement à la souveraineté nationale, à la République, aux principes d'égalité, cela ne constituait pas pour autant un soutien à notre projet politique. Et encore moins à une construction politique hasardeuse avec les « collectifs antilibéraux » que nous avons constitués dans la foulée.

Parmi ceux qui ont voté « non », il y avait beaucoup d'ouvriers, de familles, de salariés, qui « sentaient » que ce traité européen allait faire du mal au pays, à leur travail, à leur usine. Il y a eu un vote populaire qui n'était pas forcément un vote antilibéral, mais plutôt un vote réflexe pour défendre la nation. C'est-à-dire pour défendre l'outil de travail, l'industrie, les intérêts du peuple contre ceux qui choisissent de nous mettre en concurrence au sein de l'Europe. Bien sûr, il y avait aussi, chez certains, des relents de racisme, largement entretenus par l'extrême droite, qui menait également campagne pour le « non ». Mais je me souviens du porte-à-porte que je faisais à l'époque dans le Nord, dans des quartiers très populaires. Les gens avec qui je parlais ne faisaient pas de politique. Simplement, ils avaient décidé de voter « non » pour « se défendre », pour « se protéger », pour empêcher « que leur usine ferme ». Ils avaient mille fois raison. Et nous étions donc en phase avec eux.

Alors que certains pointaient du doigt la responsabilité des « étrangers », comme le faisait Jean-Marie Le Pen, nous, nous disions que c'étaient les banques, la finance, les actionnaires qui fermaient les usines. Le parti communiste, dans ses déclarations, dans ses tracts, n'a pas su porter cette exigence de respect de la souveraineté, de la nation. Ces mots étaient bannis de nos discours, car ils étaient employés par le FN. C'était une vraie difficulté. Tout était organisé, en France et en Europe, pour faire monter l'extrême droite, exutoire tout désigné pour canaliser la colère.

Pour le PCF, il fallait donc se distinguer du nationalisme dangereux et nauséabond exhalé par le FN. Pour y parvenir, nous aurions dû mieux analyser cela. Nous aurions ainsi pu capter cette colère populaire et redonner tout son sens révolutionnaire au concept de nation, pour ne pas le laisser à l'extrême droite. En qualifiant le « non » qui l'emporte le 29 mai 2005 d'acte de foi antilibéral, et de rien d'autre, nous avons porté un jugement tronqué sur l'état de l'opinion. Les conséquences seront lourdes.

Car de là va naître l'idée qu'il suffit de rassembler tous les antilibéraux pour l'emporter aux futures élections, puisqu'ils sont majoritaires. Le Parti communiste français crée alors un peu partout des « comités antilibéraux », environ 700, largement ouverts à des associations comme Attac, à des socialistes en rupture avec la ligne de leur parti… Peu à peu, mon parti va perdre la main.

À l'approche de la présidentielle de 2007, un appel à candidatures est lancé. Marie-George Buffet est désignée, mais la contestation au sein des comités fait des ravages, car d'autres personnalités, comme José Bové, aspirent à cette investiture. Certains dénoncent même un coup de force du PCF. Dans ces conditions, difficile de rassembler la gauche populaire et antilibérale, comme le souhaite Marie-George. Son programme, soutenu par le slogan « Vivre mieux, on y a droit », est pourtant ambitieux, avec la promesse d'une hausse générale des salaires, de nouveaux services publics, une sécurisation de l'emploi et de la formation permettant d'en finir avec le chômage, la régularisation des sans-papiers et l'avènement d'une Sixième République. Son score, 1,93 %, nous frappe tous de plein fouet.

Que fallait-il faire pour l'éviter ? Après coup, c'est toujours plus facile de rectifier ce qui n'a pas marché. Mais en s'affranchissant de la question nationale lors du vote de 2005, il est clair que le PCF est passé à côté de notions auxquelles bien des Français sont très attachés. Il ne faut pas laisser au seul Front national la mainmise sur des sujets comme la nation, la souveraineté, la sécurité, le vivre-ensemble. Avec l'extrême-droite, tout nous oppose. Nous devons donner un contenu révolutionnaire à ces questions, en y faisant vivre les valeurs de justice et d'égalité. Il faut que l'on soit capable de s'adresser aux classes populaires, sans rien omettre de ce qui les préoccupe : la souveraineté, la sécurité, mais aussi la colère sur l'industrie, les suppressions d'emplois par milliers… En 2005, je décide de diffuser une affiche qui proclame : « Je vote communiste et je t'emmerde ! » avec un dessin du regretté Charb, cet ami lâchement assassiné dans l'attentat de *Charlie Hebdo*. Pourquoi cette affiche ? Parce que cette année-là, à Lille, les fermetures d'usines se multiplient, dont celle, emblématique, d'Altadis, au prix de quelque 540 emplois détruits. C'est une affiche coup de gueule. Je sais que ce n'est pas suffisant. Et encore moins un programme. Mais si l'on ne capte pas la colère à ce moment-là, on rate quelque chose. Et 2005, pour moi, c'est cela : d'abord une belle victoire contre le camp libéral, mais aussi un rendez-vous manqué. On aurait pu chercher à reconquérir un électorat populaire perdu. Et ne pas laisser le terrain à l'extrême droite.

2

La présidentielle, la droite et la gauche

La France « touche pas au grisbi »

Vous connaissez la France « touche pas au grisbi » ? C'est celle qui nous gouverne avec Emmanuel Macron. C'est aussi celle qui rêve de revenir au pouvoir avec Les Républicains. Le danger de l'élection présidentielle à venir, c'est d'abord eux. Ils ont l'argent et les principaux médias à leurs côtés. Ils multiplieront les unes des magazines avec leur femme ou leur mari. De toute façon, l'argent est toujours du même côté. Dans la période électorale qui s'ouvre, certains candidats auront plus de moyens que d'autres, mais eux en auront vraiment beaucoup. Ils seront largement financés et pourront mener une belle campagne à paillettes. Je ne me fais pas de soucis pour eux : ils récolteront beaucoup de dons de 7 500 euros exonérés d'impôt. Pour quel « retour sur investissement » ? Quand j'entends leurs discours à l'Assemblée nationale, j'en ai froid dans le dos.

Le parti Les Républicains, d'abord, veut sa revanche sur le hold-up d'Emmanuel Macron en 2017. Soutenu par une partie du patronat et par les principaux propriétaires de la presse, l'ancien ministre de l'Économie a réussi le tour de force de faire oublier son action au service du président Hollande et de se faire élire en promettant de grandes avancées sociales. Peu de monde a lu son livre-manifeste, *Révolution*, dans lequel apparaissait déjà très clairement sa volonté de transformer la France en « start-up nation » et de noyer la citoyenneté dans un individualisme forcené. À peine au pouvoir, ses réformes ont surtout répondu aux attentes des plus grandes fortunes et du monde de la finance. Le « Président des riches », comme nous l'avons surnommé dès le premier budget, a tenu les objectifs que la droite elle-même s'était, en vain jusque-là, fixés : suppression de l'impôt sur la fortune, suppression de la taxe sur les dividendes, mise en place d'un bouclier fiscal pour la finance qui n'est plus imposée au-delà de 30 %, et baisse de l'impôt sur les sociétés des multinationales (mais pas des petites entreprises bien sûr). Bref, un Président élu par une fraction de la gauche, mais qui met en place une politique on ne peut plus libérale. Un vrai coup de force du CAC 40 contre la République.

Une partie de la droite, pourtant, n'en démord pas. Elle en veut toujours plus. C'est à celui qui, en son sein, aura le discours le plus libéral, le plus démagogique aussi. Un vrai concours de promesses. Mais ne nous y trompons pas, car derrière des mots qui paraissent anodins, voire doucereux, se cachent en réalité des réformes douloureuses. La controverse sur la dette, qui sera au cœur de cette élection présidentielle, en est un exemple.

Avec mon groupe, nous avons demandé un débat sur ce thème à l'Assemblée nationale. À gauche, le PCF, avec d'autres, plaide pour ne pas rembourser la part détenue par la Banque centrale européenne (BCE), soit 23 % du total et 602 milliards d'euros en 2020. Cette dette pourrait facilement être gelée, mise de côté, pour la France comme pour tous les pays de l'Union européenne. Bien sûr, les traités ne le permettent pas, mais ils sont aujourd'hui dépassés par les effets de la pandémie. Rien n'empêche donc les États membres de décider de mettre la « dette Covid » de côté, pour donner de nouvelles marges de manœuvre aux pays.

Et puis, il y a la dette détenue par les marchés, le privé et même des Français. Nous en payons les intérêts. D'ailleurs, c'est surtout cette « charge de la dette » qui coûte cher et qu'il faut rembourser. Tous les ans, la France ne fait rien d'autre que d'en rembourser les intérêts : entre 35 et 40 milliards d'euros par an. Nous ne rembourserons jamais le capital, les 2 650 milliards d'euros de dette publique. Jamais. Même si demain nous retranchons les 602 milliards de dette détenus par la BCE, il restera encore 2 048 milliards auxquels il faut ajouter les intérêts. Comment voulez-vous rembourser une telle somme ? Ou alors en deux ou trois siècles. Il faut le dire et l'expliquer. La dette d'un État n'a rien à voir avec la dette d'un ménage. Un ménage a un horizon de vie avec un début et une fin, déterminé par le travail, puis la retraite. Il s'endette pour devenir propriétaire de sa maison qu'il va peut-être transmettre en héritage à des enfants qui la revendront probablement. Mais un État, lui, ne meurt jamais. Il s'endette perpétuellement, car il emprunte en permanence pour l'avenir, pour chaque génération qui arrive. Il doit même s'endetter pour relever des défis pendant des décennies comme, par exemple, la transition écologique, la transformation de nos modes de production, la prise en charge de l'allongement de la durée de la vie. Le débat doit donc porter sur « qui prête » et « à quoi sert la dette ».

Mais les tenants de la pensée libérale ont une courte vue. Ils veulent utiliser cette dette pour appliquer avec encore plus de zèle leur politique. Écoutez bien les discours de Bruno Le Maire, qui propose, au nom de la majorité En Marche, « trois axes pour rembourser la dette ». Il explique d'abord qu'il n'augmentera pas les impôts. Traduction : vous les riches, soyez rassurés, nous n'irons pas vous taxer, nous n'augmenterons pas l'impôt sur les sociétés des multinationales, nous ne rétablirons pas les taxes sur les dividendes ou l'impôt sur la fortune. Les Républicains disent la même chose. Il ne faut surtout pas toucher au capital. Et le Medef veille au grain. Malgré tout, le gouvernement a quand même décidé d'augmenter nos impôts puisqu'il a choisi de prolonger l'existence de la CRDS, cette taxe de 0,5 % sur nos salaires qui devait s'éteindre en 2024. La majorité macroniste la maintient jusqu'en 2031 pour « payer la dette sociale » issue de la pandémie.

Le ministre de l'Économie proclame aussi : « Nous la rembourserons avec la croissance. » Traduction : il faudra travailler plus et gagner moins. Les salaires n'augmenteront pas. Il faudra aussi travailler plus longtemps. La réforme des retraites devra être mise en œuvre. D'ailleurs, là aussi, le Medef et Les Républicains disent la même chose. Xavier Bertrand a déjà annoncé que les Français devront travailler jusqu'à 64, voire 65 ans. Ce discours est insupportable. Cela voudrait dire que nous, les travailleurs, allons devoir éponger la dette en travaillant jusqu'à 65 ans ? Pour qui nous prennent-ils ? Nous qui travaillons, nous savons bien que ce sont d'abord eux, les financiers, qui profiteront de cet allongement du temps de travail. Les dividendes vont augmenter et la dette continuera de monter. Comment croire que nous allons rembourser avec de la croissance quand nous savons que dans l'esprit de Bruno Le Maire, elle est surtout synonyme de « profits » ? Cette croissance sert les intérêts privés d'une caste de financiers. Jamais elle ne servira à rembourser une dette.

Enfin, il prévient : « Nous devrons maîtriser la dépense publique. » Alors ça, c'est le pur jargon techno, annonciateur des pires réformes. « Maîtriser la dépense publique », cela signifie baisser les dépenses de l'État et c'est tout simplement ce qu'ont mis en œuvre les derniers présidents, Nicolas Sarkozy, François Hollande et Emmanuel Macron. Cela fait quinze ans que nous subissons cette politique qui a considérablement affaibli nos administrations et nos services publics. C'est au nom de ce dogme, imposé par l'Union européenne, que Nicolas Sarkozy a supprimé 90 000 postes de fonctionnaires, dont 15 000 dans la police, avec la règle de ne pas remplacer un fonctionnaire partant à la retraite sur deux. C'est au nom de cette règle que François Hollande a supprimé 15 milliards de dotations pour nos communes, nos départements et nos régions. C'est au nom de ces économies dans les dépenses de l'État que, depuis plus de quinze ans, nos hôpitaux, nos écoles, nos services publics comme la CAF, la Carsat, la CPAM, les trésoreries municipales, les organismes sociaux subissent des budgets en baisse tous les ans. À la fin, ce sont les Français qui trinquent. Tout comme les personnels concernés. C'est au nom de cette politique de baisse de la dépense publique que l'État s'est considérablement affaibli, au point de se trouver en grande difficulté pour faire face à une pandémie comme celle que nous vivons. À tel point que ce gouvernement a même dû faire appel à des sociétés privées pour organiser l'acheminement des vaccins dans les hôpitaux et les pharmacies.

Cette question de la dépense publique sera au cœur de l'élection présidentielle. Pour nous, cette dépense est utile et il ne faut pas la diminuer. D'ailleurs, le sujet central devrait être : comment augmenter le budget de l'État pour mieux répondre aux besoins de nos concitoyens ? Même aux États-Unis, le nouveau Président a décidé de taxer le capital en augmentant les impôts des entreprises, en les passant de 21 % à 28 %, en doublant la taxation des plus-values et en augmentant les impôts sur le revenu des 1 % les plus riches. Cela n'en fait pas un révolutionnaire pour autant, mais quand même, quelle différence avec le dogmatisme d'Emmanuel Macron et de la droite française sur cette question ! Joe Biden fait le choix de la relance massive par la dépense publique et en taxant le capital. L'administration américaine va rendre gratuit l'accès aux crèches, investir dans les hôpitaux, les écoles, doubler le salaire minimum américain, qui est très bas, et lancer un vaste plan pour rénover les ponts, les routes nationales… C'est du jamais-vu depuis Roosevelt et c'est important à souligner. Cela n'en fait pas un communiste comme j'ai pu le dire en plaisantant, car les salariés américains vont continuer de souffrir pour dégager de grosses marges de profits pour les actionnaires des grandes multinationales américaines. Et la politique internationale de Joe Biden, avec le maintien du blocus contre Cuba, la poursuite d'une course démentielle aux armements et le climat de guerre froide qu'il entretient, reste très dure.

En France, nous avons déposé de nombreuses propositions de loi s'inscrivant dans la même veine que celles votées par les congressistes américains : rétablissement de l'ISF, taxation des dividendes, suppression des niches fiscales type « niche Copé », suppression du bouclier fiscal sur les revenus financiers, rétablissement de l'impôt exceptionnel sur les hauts revenus, augmentation de l'impôt pour les grandes entreprises, prélèvement à la source des bénéfices des entreprises… En tout, ce sont 60 milliards d'euros de cadeaux aux plus riches en cinq ans que nous voulons réintégrer dans le budget de la France. Nous voulons aussi rétablir un juste impôt sur le revenu avec neuf tranches au lieu de cinq aujourd'hui, ce qui permettrait de réduire l'impôt sur le revenu des classes moyennes et d'augmenter celui des revenus supérieurs.

Toutes ces propositions, les députés et députées, sénateurs et sénatrices communistes les ont défendues à travers des textes de loi déposés au Parlement. Elles n'attendent que notre arrivée au pouvoir pour être mises en œuvre. À l'échelle de l'Union européenne, nous devons obtenir de la Banque centrale européenne qu'elle prête à taux zéro aux États pour financer réellement les investissements en faveur de la relocalisation de nos activités industrielles, de la transition écologique, de la formation de notre jeunesse, ou pour développer de nouveaux services publics. Car c'est aussi en faisant ces choix d'investissement que nous créerons une richesse utile au pays, tout en garantissant le remboursement de nos emprunts. Et la BCE peut tout à fait créer un fonds dédié à ces investissements que je viens de citer, l'abonder et le mettre au service des États, en prêtant à taux zéro.

Bref, ce débat de fond entre la gauche et la droite doit avoir lieu, sur ce thème de l'argent et surtout de son utilisation. C'est tout l'enjeu de la présidentielle. Malheureusement, tout est fait pour éviter ce débat. Il faut donc le créer, et tout mettre en œuvre pour l'obtenir dans les prochains mois.

Cette gauche qui doit de nouveau faire envie

Aujourd'hui, je sens une potentialité, une envie d'en découdre, de se faire entendre, de se faire respecter. Mais je perçois aussi le découragement, la résignation et le sentiment d'abandon qui minent un grand nombre de Français. En raison de la crise sanitaire, en raison aussi de la politique injuste impulsée par le président de la République bien sûr, mais aussi parce que personne, à gauche ni à droite, ne donne vraiment envie. Ajoutez à cela le concert des bien-pensants qui vous déprime d'avance en vous assurant que le second tour est déjà joué, avec ce bon vieux duel Macron-Le Pen ! Ah ! elle est bien pratique, l'extrême droite française, pour faire peur, pour dire aux forces de droite comme de gauche : « Rangez-vous derrière une candidature unique, il y a danger ! » Et je sens bien que ce climat de peur produit l'effet attendu : faire taire les courants de pensée comme le nôtre, tuer tout idéal un tant soit peu révolutionnaire.

Pour moi, le premier objectif de cette élection, c'est qu'Emmanuel Macron ne soit pas réélu. Et s'il l'est malgré tout, lui ou un autre candidat de droite, il faudra réussir à faire élire une majorité de gauche à l'Assemblée nationale avec, en son sein, le maximum de députés communistes. Ceux qui détiennent le pouvoir sont en train de jouer avec la démocratie et avec les nerfs de nos concitoyens. Ils jouent avec le Rassemblement national, s'évertuent à placer Marine Le Pen au centre du jeu pour mieux la désigner comme une menace. La candidate de l'extrême droite n'a plus rien à faire, même pas besoin de s'exprimer, puisque l'objectif est de la qualifier pour le duel final. Et ensuite d'organiser un barrage pour faire élire son concurrent, auquel sera accordé tous les leviers pendant cinq ans. Tout cela en n'ayant récolté qu'entre 15 % et 20 % des votes des électeurs inscrits au premier tour. C'est un jeu très dangereux : d'une part il porte au pouvoir un candidat choisi par une infime minorité de Français, qu'il soit de gauche ou de droite, et d'autre part parce que, si je crois à la nécessité de combattre le Rassemblement national – ce que je fais dans ma circonscription et dans chacune de mes interventions, dans mes déplacements –, il sera de plus en plus difficile à mon sens de demander aux Français de rejoindre un front républicain.

Pendant des mois, on m'a demandé pourquoi je voulais ajouter à tout prix une candidature à gauche, au risque de l'empêcher de franchir le premier tour. Poser cette question est un leurre, une facilité intellectuelle parce qu'elle empêche de traiter le problème de fond, celui de la grande faiblesse de la gauche. Ce n'est pas parce qu'il y a plusieurs candidats de gauche au premier tour qu'elle n'est pas qualifiée au second. Il y a toujours eu quatre à sept candidats de gauche aux élections présidentielles. Et autant à droite. Le problème, c'est que, même unie, cette gauche est faible. Très faible.

Pourquoi en est-elle arrivée à ce point de désaffection ? Elle est même plus faible aujourd'hui, quand on additionne les candidats potentiels, qu'en 2017 ! La gauche est faible parce qu'elle a tiré un trait sur l'électorat populaire, sur le monde du travail. Pierre Mauroy l'avait pointé dès la campagne présidentielle de 2002, dans sa déclaration du 5 avril, quelques jours avant le fracas du premier tour : « Il faut utiliser les mots de travailleurs, d'ouvriers ou d'employés : ce ne sont pas des gros mots ! » Que de terrain perdu depuis cette alerte de l'ancien Premier ministre socialiste. Terra Nova, le « think tank » de la gauche durant un temps, avait théorisé l'abandon assumé des classes populaires au profit d'une alliance avec les classes moyennes. Tout va se jouer dans la reconquête de ces hommes et de ces femmes qui ont été abandonnés, trahis. La gauche, pour l'instant, a échoué à reprendre le flambeau de la lutte sociale, de l'égalité des citoyens, de la rupture avec le capitalisme. En particulier parce que le parti communiste, lui aussi, a perdu en influence. Et ce n'est pas bon pour le monde du travail.

La solution, pour certains, serait donc, puisque la gauche est faible, de désigner un candidat unique pour espérer accéder au second tour. Et de là, face à Marine Le Pen, en appeler au front républicain pour l'emporter. C'est pour moi un scénario inefficace et qui abîme la démocratie. L'idée même d'une candidature unique symbolise l'abandon des classes populaires, la résignation à un faible score de la gauche. Mais enfin, ne peut-on être plus ambitieux pour notre pays, pour la gauche ? Ne pourrions-nous pas avoir pour objectif la reconquête des classes populaires, des familles, du monde du travail, de la jeunesse, pour faire en sorte que l'extrême droite ne soit pas présente au second tour ? Je ne veux pas capituler. Je veux bousculer ce scénario insupportable.

Depuis 1965, la gauche n'a jamais gagné une élection présidentielle quand son score global au premier tour était inférieur à 43 %. Elle a gagné trois fois, en 1981, 1988 et 2012. Le plus faible score, c'était au premier tour en 2012, mais François Hollande l'a quand même emporté. En dessous, elle peut accéder au second tour, mais elle perd. Cela veut dire qu'il faut dépasser ce seuil, sinon cela signifie que nous aussi, nous jouons avec l'extrême droite comme le fait aujourd'hui Emmanuel Macron. Et moi, communiste, je me refuse à cela. D'abord, je ferai tout pour l'empêcher de l'emporter dans mon pays. Je ferai tout pour convaincre un maximum d'électrices et d'électeurs du monde du travail, des classes populaires, de retrouver l'espoir dans un vote à gauche, dès le premier tour, pour écarter Marine Le Pen du second tour. Il faut notamment aller chercher les abstentionnistes, en leur parlant de ce qu'ils vivent, sans faux-semblants, directement. En leur disant que nous comprenons leur colère, leur dégoût de la politique, mais qu'ils doivent s'en mêler, s'en occuper, sinon d'autres le feront à leur place. Je veux être le candidat du rassemblement et de l'espérance pour le monde du travail, pour les jeunes, et poursuivre ce travail de fond au-delà de 2022. Cela prendra peut-être du temps, mais c'est un défi, un beau défi, que j'ai envie, avec tous mes camarades, de relever.

Avoir le choix

Dans une présidentielle, chacun doit pouvoir défendre ses couleurs, ses idées, son projet. La gauche a toujours été traversée par différents courants de pensée. Et ces quarante dernières années, quand elle l'a emporté, c'est le courant social-démocrate qui était majoritaire. Et c'est lui qui a déçu fortement. On voit bien aujourd'hui comment toute la gauche a du mal à s'en remettre, car celles et ceux qui ont voté Mitterrand ou Hollande se sont sentis finalement trahis.

Encore maintenant, certains responsables Verts comme socialistes ne remettent pas en cause le libéralisme. Une part d'entre eux défend les traités européens qui soumettent nos pays aux lois du marché, à la « concurrence libre et non faussée ». Mais le débat existe, encore plus fortement aujourd'hui, entre celles et ceux qui s'inscrivent dans ces traités et d'autres qui veulent les remettre en cause, y compris au sein du PS, de Génération.S et d'EELV. C'est au nom de ces traités qu'on ferme Bridgestone et tant d'entreprises en France. Il faut pousser ce débat entre nous. Je crois possible de résister aux traités européens. C'est une question de rapport de force. Et de courage politique. Et nous avons une force incroyable sur laquelle nous pouvons nous appuyer : celle du peuple français, avec sa soif de souveraineté démocratique, de redevenir maître de ses choix économiques, sans repli nationaliste, sans brandir le Frexit comme le font l'extrême droite et les souverainistes. Pour mener ces débats, pour engager ces rapports de force, il faut une présence communiste suffisamment puissante. Je crois encore possible de nous réunir autour des fondamentaux de Jaurès et de Thorez.

Quand je dis « nous », je parle du monde du travail et de la jeunesse, de tous ceux qui ont vu les effets néfastes des politiques d'austérité sur nos services publics comme ceux de la santé. Tous ceux qui aujourd'hui se sentent méprisés par le pouvoir, par une minorité qui accapare les richesses que nous produisons. Et parmi eux, il y a beaucoup de salariés, mais aussi des commerçants, des artisans, des chefs d'entreprise, des TPE ainsi que des entreprises sous-traitantes de l'industrie, essorées par des donneurs d'ordre tout-puissants. Ce sont donc également tous ceux qui ne se retrouvent pas dans cette Europe libérale et qui ont voté « non » au projet de traité constitutionnel européen en 2005. Nous ne voulons plus de ces règles économiques si dures pour les peuples, qui, au passage, ont volé en éclats pendant la pandémie. La règle des 3 % de PIB pour le déficit public, celle des 60 % pour la dette, tout cela n'a plus aucun sens aujourd'hui. C'est maintenant qu'il faut prendre le pouvoir, en France et dans d'autres pays de l'Union européenne, pour dire que ces traités doivent être mis de côté, abrogés, réécrits, pour construire ensemble d'autres modes de travail et de coopération entre des nations souveraines.

Il faut jouer franc jeu avec les électeurs : certaines forces politiques de gauche ne feront pas le choix de remettre en cause ces traités en 2022. C'est pourtant indispensable, notamment pour traiter la question de la dette. Et derrière elle, celle du financement de la transition écologique, de l'investissement dans l'industrie, la recherche, etc.

Alors qui pourrait incarner ces combats? « La gauche radicale doit à tout prix s'unir », entend-on. D'abord, je ne me considère pas comme faisant partie de la gauche radicale. Je n'aime pas cette expression. Je préfère être le représentant de la gauche républicaine, laïque, sociale, portant le projet d'une société libérée de la finance et prête à sortir du capitalisme.

Dans nos débats internes, je pensais que la candidature de Jean-Luc Mélenchon serait largement défendue par tous ceux qui, en 2012 et en 2017, le soutenaient déjà. Ce ne fut pas le cas. Il a perdu beaucoup de soutiens. Les rares qui l'ont défendu sont obligés d'admettre « que ce n'est plus le même qu'en 2017 », « qu'il a changé », « mais que, malgré tout, c'est mieux d'aller avec lui pour négocier les législatives ». Cette position n'a pas recueilli la majorité des adhérents, mais je la respecte. Simplement, elle traduit pour eux un choix par défaut, celui du moindre mal.

Avec Jean-Luc, différent sur la forme et sur le fond

Les journalistes me demandent souvent ce qui me différencie de Jean-Luc Mélenchon. J'espère que les Français découvrent, au fil de l'actualité, nos différences. Ils verront aussi, lors de cette élection présidentielle, que nous avons un programme et des priorités distincts.

D'abord, nous n'avons pas du tout les mêmes réactions sur certains sujets d'actualité. Prise en compte de la présence et de la montée de l'islamisme radical, lutte contre le racisme, laïcité, sécurité et police, capital et travail : sur tous ces thèmes très régaliens, nous n'avons pas forcément les mêmes approches. Cela tient parfois à peu de choses, mais sur ces questions aussi importantes pour le vivre-ensemble et le respect de nos valeurs républicaines, ce sont des nuances qui comptent.

Mais la divergence fondamentale que je vois entre nos deux forces, c'est notre conception du rassemblement. Nous, communistes, nous n'avons jamais fermé la porte à des discussions, à des rassemblements, à des combats avec des hommes et des femmes d'opinions diverses, avec des mouvements politiques de gauche, au motif que nous serions trop éloignés les uns des autres, sans tenir compte des batailles qui peuvent nous unir.

En 2017, si le candidat du parti communiste était arrivé troisième de l'élection présidentielle, avec près de 20 % des voix, il aurait prolongé ce score par un appel au rassemblement le plus large possible, dans les luttes comme dans toutes les élections suivantes, pour le transformer en conquêtes sociales. Il aurait rendu incontournables des propositions portées pendant la campagne. En tout cas, le parti communiste n'aurait pas considéré un tel score comme un trésor de guerre, appartenant au seul candidat, gardé jalousement, sans partage. Nous, nous aurions fait le choix, dès le lendemain des élections, de proposer aux autres forces de gauche, socialistes, écologistes, au mouvement social, aux organisations syndicales, de travailler ensemble pour mettre ces 20 % au service d'un changement de société.

Nous, nous ne demandons pas aux autres partis de disparaître pour se fondre dans une force ou un mouvement unique. Nous respectons la diversité des approches et les choix de chaque parti, de chaque syndicat, de chaque mouvement associatif. Les différences qui existent entre nous ne doivent pas empêcher un dialogue, un travail commun, des combats communs, comme je l'ai initié pour la réforme des retraites. D'ailleurs, je suis fier que mon parti, dans son histoire et encore aujourd'hui, ait toujours été en dialogue avec toutes les forces de gauche, sans ostracisme, sans jamais dire que nous étions irréconciliables avec l'un ou l'autre.

Je souhaite et je ferai tout pour qu'il y ait, demain, une majorité de gauche à l'Assemblée nationale, composée de députés communistes, insoumis, écologistes, socialistes. Et il faudra former, ensemble, une majorité au service du pays et du monde du travail. Bien sûr, même si nous nous mettons d'accord dès maintenant sur des propositions communes, le programme de ce gouvernement sera déterminé par l'influence respective des uns et des autres. C'est pourquoi il faut beaucoup de députés communistes en 2022 à l'Assemblée nationale si nous voulons reprendre le pouvoir à la finance, développer nos services publics, relocaliser l'industrie et retrouver une France du plein emploi.

Ces désaccords ne font pas pour autant de nous des adversaires. D'ailleurs, à gauche, je n'ai pas d'adversaire. Mes adversaires sont ceux qui défendent le capital, la finance.

Les autres forces de gauche ayant déçu, nous avons cette responsabilité de porter un nouvel espoir pour le monde du travail, de l'ouvrier aux commerçants. Beaucoup d'électeurs seraient perdus si nous n'étions pas présents dans cette présidentielle. Je souhaite aussi que nous puissions travailler ensemble, dès maintenant, à faire élire le plus grand nombre possible de députés de gauche. Nous sommes différents, mais surtout pas concurrents.

Cela pourrait être un scénario formidable de l'emporter aux législatives, quel que soit le résultat de la présidentielle. Je sais que c'est un immense défi. Nous en avons les moyens, c'est une évidence. Il faut créer les conditions pour que le plus de Françaises et de Français s'en mêlent, participent, débattent, proposent. Il faut être ouvert, capable de travailler avec tout le monde. Notre adversaire, c'est le capitalisme, c'est la finance. C'est François Hollande qui a dit cela en 2012. Et il avait ajouté : « Mais la finance n'a pas de visage. » Comme si on ne connaissait pas ceux qui la détiennent! Nous, on a les noms. On les connaît. Et dans cette campagne, je vais les nommer. L'objectif de cette présidentielle, c'est de leur reprendre le pouvoir.

La démocratie, c'est d'ailleurs l'enjeu de cette élection. À qui allons-nous prendre le pouvoir? Bien sûr, j'en ai déjà parlé, il y a l'Union européenne, cette institution qui prend tellement de place dans les choix de chaque pays. Il ne s'agit pas pour nous d'agiter le spectre d'une sortie de l'Union européenne en 2022. Un Frexit n'apporterait pas d'alternatives à la France. Lorsque l'on fait face à une pandémie, on a plutôt intérêt à coopérer, à travailler ensemble plutôt qu'à fermer nos frontières à toute relation économique, humaine ou scientifique. L'enjeu, c'est d'installer un rapport de force pour remettre en cause les traités européens, en écrire de nouveaux au service des peuples et non des marchés financiers. La stratégie mise en place autour des vaccins est à cet égard révélatrice. L'Union européenne a fait le choix de négocier en secret des accords avec l'industrie pharmaceutique, sans exiger de contreparties à la hauteur de l'argent public versé. En faisant cela, elle a accepté que des laboratoires, déjà richissimes, gagnent des milliards d'euros sur notre dos.

Le scandale révélé par des journalistes d'investigation américains sur l'augmentation des prix des doses de Pfizer est édifiant. Dans une conversation entre le PDG de Pfizer, Albert Bourla, et ses investisseurs, au premier rang desquels figurent les banques UBS, Goldman Sachs, Morgan and Stanley…, la firme pharmaceutique confirme des marges de 20 à 30 % et annonce des profits encore plus importants par la suite : les prix des vaccins vont passer de 12 euros début 2021 à 19 euros ensuite, pour finir « après la pandémie » à 150 euros.

Je soutiens toujours le principe d'unir nos forces pour la recherche et la production du vaccin et pour sa mise à disposition des populations. Mais je combats la vision libérale qui favorise à outrance les intérêts du Big Pharma et de ses amis comme le fonds d'investissement BlackRock, déjà à l'affût dans la réforme des retraites et actionnaire dans tous les principaux laboratoires pharmaceutiques. Ils se connaissent tous. Ils se parlent. Ils sont de connivence. Et ce gouvernement ne leur demande pas de comptes malgré les milliards d'argent public reçus. En France, ils ont capté une part très importante du crédit impôt recherche (CIR), qui représente tout de même 6,4 milliards d'euros par an.

Candidat pour le monde du travail

J'aimerais être le candidat qui ressemble le plus à la grande majorité de nos concitoyens. Le peuple est divers, mais il y a quand même une bonne part des Français qui ne se sentent pas représentés aujourd'hui. Ce sont ceux qui composent le monde du travail ou qui aspirent à y entrer. Je voudrais qu'ils se disent : « Tiens, lui, il me ressemble, il parle comme moi, il parle de ce que je vis. » Je voudrais pouvoir représenter toutes celles et ceux qui ont été méprisés et mal considérés durant le mandat de Macron. Je ne m'adresse pas qu'aux électeurs et électrices de gauche. Je souhaite m'adresser à tout le monde. Il faut que l'on arrive à reprendre le pouvoir ensemble, et pas seulement à l'Élysée. Cela ne suffira pas, il faut que l'on crée un élan, un mouvement plus large. Voilà mon ambition à l'approche de cette élection qui domine notre vie politique.

C'est pour cela que je parle d'un pacte avec les Français. Pacte, contrat, engagement, quel que soit le mot, il faut sortir du présidentialisme et de la délégation de pouvoir que les Français donnent aux élus. Chaque citoyen doit être un acteur de la vie politique, une partie de la solution. C'est aussi vrai dans le monde des entreprises, dans la vie économique. Les élections législatives, comme les élections locales, sont pour cela déterminantes, car nous voulons une démocratie pleinement représentative qui suppose l'élection d'hommes et de femmes assumant la continuité de la souveraineté populaire dans chaque assemblée. Cela va de pair avec des mécanismes de démocratie directe comme les budgets participatifs ou les référendums, autant que nécessaire.

Quand je vais à la rencontre des salariés de la fonderie de Bretagne, à Caudan, c'est cela que je viens leur dire. Là-bas, en 2013, la direction de Renault, groupe dans lequel l'État est actionnaire, a demandé aux salariés de « faire des efforts de compétitivité ». Dans l'« accord de compétitivité » qui en a résulté, les salariés ont beaucoup perdu. Comme à chaque fois. La direction a notamment demandé aux ouvriers postés travaillant de 22 heures à 6 heures de faire une croix sur les « temps supplémentaires de pause ». Ils avaient déjà perdu leur pause casse-croûte de trente minutes. Aujourd'hui, ils travaillent de 22 heures à 6 heures du matin avec deux pauses de 10 minutes ! Vous imaginez ça ? Mais en plus, ils ont dû abandonner leurs dix jours de RTT supplémentaires. Voilà les sacrifices qui leur ont été demandés pour « être compétitifs ». Et maintenant, la direction leur dit, malgré tous ces efforts : « Vous n'êtes plus compétitifs, on vous vend ! » Vous comprenez la colère de ces hommes et ces femmes qui travaillent dur, serrent les dents, gagnent 1 400 euros net quand ils débutent ?

Mais le pire, c'est que ces efforts demandés aux salariés ont surtout permis au groupe de dégager des marges importantes. Durant la même période, Renault a distribué 4,8 milliards d'euros de dividendes à ses actionnaires. Le groupe a en outre bénéficié de plusieurs dizaines de millions d'euros d'aides publiques diverses sous forme de CIR, crédit d'impôt pour la compétitivité et l'emploi (CICE)… C'est cela qui ne va plus dans notre pays. C'est pourquoi je dis que les richesses produites par les salariés, ce sont aussi les leurs, surtout quand autant d'efforts sont exigés. Et l'argent public qui est donné à l'entreprise, c'est aussi le leur. Nous demandons donc que les salariés aient leur mot à dire sur les choix de l'entreprise. Oui, il faut donner des pouvoirs nouveaux aux salariés. Pas seulement leur demander leur avis, mais qu'ils participent aux choix d'investissements, de formation, d'embauche.

En France, selon un rapport sur la conditionnalité des aides publiques étudiée en avril 2021 en commission des finances de l'Assemblée nationale, les collectivités et l'État versent en moyenne tous les ans 140 milliards d'euros d'argent public aux entreprises. Cent quarante milliards versés sans rien demander, sans contrepartie, sans exigences en matière d'égalité salariale femme-homme, sans exigences en matière environnementale ou de création d'emplois, de formation ! Quand je pense aux libéraux qui prétendent que nous sommes le pays où les entreprises sont les plus taxées, il faudrait qu'ils disent aussi que nous sommes le pays qui verse le plus d'aides publiques aux entreprises, sous forme d'exonération de cotisations, de subventions directes, de défiscalisation.

Malheureusement, ce sont surtout les grosses entreprises et les entreprises de taille intermédiaire qui en bénéficient le plus. C'est injuste pour toutes les autres qui, bien souvent, sont celles qui ont le plus besoin d'aide. C'est pourquoi, pour toutes ces grandes boîtes, il faut faire participer les salariés aux choix de gestion. Le Medef dit : « C'est celui qui paie qui décide » ; avec tout l'argent public que nous versons aux entreprises, les salariés doivent aussi pouvoir décider ! C'est ça la nouvelle République que nous voulons !

Il faudra prendre le pouvoir aussi dans les banques, dans les conseils d'administration des multinationales, dans les assurances. La démocratie, c'est cela, c'est donner du pouvoir à nos concitoyens, tout le temps. Ce n'est pas une consultation de temps en temps et après, rideau ! Circulez, il n'y a plus rien à voir ! C'est l'ambition et le message que nous adressent depuis des mois des dizaines de milliers de personnes.

Notre ambition, c'est de redevenir le parti du monde du travail, qui défend les classes populaires, à toutes les élections, dans tous les combats, pour lui donner de la force. Cela servira au monde syndical comme à toute la gauche !

Je veux tisser un lien direct, franc, sincère avec les Français. Certes, je pars avec le handicap du manque de notoriété. Ce n'est pas grave, il sera vite compensé par notre grande énergie commune. Les adhérents, les militants du parti communiste, qui ont fait le choix majoritaire de présenter un candidat à cette élection présidentielle, ont des fourmis dans les jambes.

Bien sûr, nous n'aurons pas le même budget que d'autres, mais ce n'est pas une raison suffisante pour renoncer à la bataille. Au contraire même, parce que nous sommes riches d'une force militante, implantée dans toute la France, dans les territoires d'outre-mer comme en métropole, dans les grandes villes comme dans les villages. J'aspire à mener une campagne heureuse, joyeuse, stimulante pour la tête et pour les jambes. Une campagne dans laquelle on doit aussi pouvoir trouver du plaisir.

Déjà, lors des dernières élections européennes, avec l'excellent Ian Brossat, nous avions retrouvé le goût de mener une campagne nationale. Et mesuré aussi toutes les difficultés qui accompagnent une telle entreprise. Ian a su créer un élan, à travers de nombreux meetings dans toute la France et des prestations réussies dans les médias. Il nous faut toujours en faire plus pour être audibles. Malgré cela, le résultat n'a pas été à la hauteur de nos espérances. Dans la dernière semaine avant le scrutin, on a vu monter un mouvement de colère qui a remis en cause les derniers sondages. Les gens n'ont pas saisi le bulletin rouge qu'on leur tendait, mais plutôt celui d'une autre protestation, sans issue celle-là. C'est une leçon à retenir : nous n'avons pas su donner du sens au changement auquel nous aspirons.

En finir avec le culte du prince

Dans cette élection présidentielle, celui qui a beaucoup à perdre, ce n'est pas le candidat communiste ou le parti, mais le monde du travail. Ma personne ne compte pour rien dans cette bataille. Je vais prendre des coups, mais l'essentiel n'est pas là. Quand un parti politique fait le choix de ne pas concourir à l'élection présidentielle, il disparaît pendant cinq ans du paysage politique. C'est cela, la réalité. Et le parti communiste vient de l'apprendre à ses dépens. Sans réaction de notre part, nous allions tout droit à l'encéphalogramme plat. Était-ce une erreur pour autant de soutenir Jean-Luc Mélenchon en 2012 et 2017 ? Non, dans la mesure où les communistes ont sincèrement fait le choix de se rassembler aux côtés d'une autre force politique, pour se donner toutes les chances de l'emporter. En revanche, le bilan que nous en tirons n'est pas satisfaisant. Non seulement nous n'avons pas gagné l'élection présidentielle, mais en plus nous n'avons pas été en mesure de remporter ensuite les scrutins intermédiaires, pas plus que nous n'avons engrangé la moindre conquête sociale pour le monde du travail. Voilà pourquoi aujourd'hui nous optons pour un autre chemin. Nous présentons un candidat parce que la présidentielle non seulement structure toute notre vie politique, mais concentre aussi l'essentiel du débat avec nos concitoyens. En tout cas, à cette échelle et avec cette force. S'en affranchir conduit malheureusement à disparaître totalement du paysage politique français.

La présidentielle : un mode de scrutin particulièrement injuste

La présidentielle n'est pas seulement incontournable, elle est injuste. Seuls sont qualifiés au second tour les deux candidats arrivés en tête, ce qui encourage le vote dit « utile », impose des ralliements contre nature et finalement réduit le choix des électeurs. Pourquoi, par exemple, ne pas retenir au second tour tous les candidats ayant obtenu plus de 10 % des suffrages exprimés ? Cela ouvrirait plus largement le champ des possibles pour nos concitoyens et redonnerait du souffle à notre démocratie.

Mais soyons lucides : les Français sont attachés à cette élection présidentielle. En tout cas, il n'y a pas actuellement de majorité, semble-t-il, pour réclamer sa suppression. Il est vrai qu'aucun débat sérieux n'a pour le moment été lancé sur la question. Mais si les Français sont attachés à l'élection présidentielle, ils le sont beaucoup moins à défendre la concentration des pouvoirs dans les mains d'un seul individu. Quoi qu'il en soit, il est impératif de redonner aux élections législatives l'importance qu'elles ont perdue depuis l'inversion du calendrier décidée en 2002 par Lionel Jospin. Nous pourrions tout simplement faire en sorte que ce scrutin intervienne au milieu du mandat présidentiel. Ainsi, le président de la République remettrait en jeu non pas son élection, mais la politique qu'il mène. Ce qui l'obligerait à tenir compte, enfin, des avis et propositions de l'opposition, au lieu de la reléguer au rang de simple figurant comme il le fait depuis 2017. Aujourd'hui, le jeu démocratique souffre d'un poison mortel : le manque de pouvoir et de contre-pouvoirs. Dans la foulée de son élection à l'Élysée, le nouveau président bénéficie, quasiment automatiquement, d'une large majorité à l'Assemblée nationale. Difficile en effet pour les Français de se déjuger en six semaines. Résultat, durant cinq ans, le débat démocratique, en l'absence d'alternative, est mis sous l'éteignoir. Il faut briser ce cercle infernal et revenir à cette respiration qui existait auparavant.

Un jeu dangereux

Je lis un peu partout depuis des mois que la présidentielle serait déjà jouée, que le duel entre le Président sortant et sa rivale d'extrême droite est à nouveau programmé pour le second tour. Quel mépris pour les Français ! Ne peut-on pas les laisser choisir en toute quiétude, sans leur imposer, semaine après semaine, le scénario lassant d'un *remake* dont ils connaissent déjà tous les ressorts ? Faut-il rappeler à tous ces « experts » qu'ils conseillaient à Jacques Chirac d'abandonner la partie en 1994, avant même qu'elle ne commence ? Pour le résultat que l'on sait. Tant de choses peuvent se passer avant un premier tour. Qui avait prévu que François Fillon l'emporterait lors de la primaire de la droite en 2016, face à un Alain Juppé au firmament dans les sondages, avant de sombrer dans les affres du « Penelope Gate ? » Qui pouvait imaginer la victoire d'un ancien ministre de l'Économie de François Hollande, jamais élu ni désigné par aucun parti ? Personne, ou presque. Et que dire de l'élection précédente, quand la fonction suprême semblait promise à un autre ancien ministre de l'Économie, président du FMI, paré celui-là de toutes les vertus habituellement requises, sur le plan politique s'entend ? Et pourtant, tout se passe aujourd'hui comme si tous ces revirements n'avaient jamais eu lieu. La tentation d'influer l'opinion est toujours aussi vivace.

À quel jeu se livrent les instituts de sondage quand ils s'amusent à sonder déjà sur le duel du second tour ? Il ne manque plus qu'un sondage désignant Marine Le Pen comme vainqueur de la présidentielle pour sommer la gauche de ne présenter qu'une seule tête, comme si c'était le Graal absolu de la reconquête ! Et par là même, de dénier à celles et ceux qui veulent changer ce modèle économique le droit de concourir à la plus importante des élections. C'est d'autant plus révoltant et inadmissible que, de l'autre côté de l'échiquier, la permanence de l'extrême droite, elle, n'est jamais remise en cause. Peut-être parce que cette présence, jusqu'alors, sert un but bien commode : celui de stériliser la colère, de la conduire dans une impasse. Le Rassemblement national représente aujourd'hui quelque 25 % de l'électorat. C'est énorme. Mais pour ceux qui n'ont aucun intérêt à changer de modèle économique, c'est du pain bénit. Qu'on l'appelle « plafond de verre » ou « front républicain », le bouclier qui protège l'ordre établi a toujours parfaitement fonctionné. Au moins jusqu'ici. Mais c'est un jeu dangereux que de laisser un mécontentement légitime se fourvoyer en soutenant l'extrême droite ou s'abandonner dans l'abstention.

La gauche a une part de responsabilité, elle qui a laissé filer une bonne partie de l'électorat populaire au fil des déceptions qu'elle a suscitées. À force de ne pas répondre aux attentes, voire de faire le contraire de ce qui avait été annoncé, le lien s'est rompu avec une frange grandissante de la population, en attente d'une action beaucoup plus résolue au service du progrès social. Comment faire pour regagner cette confiance perdue ? D'abord en étant plus attentifs aux tourments de cet électorat, qui, pour une part, n'est ni raciste, ni fasciste, ni sexiste ou homophobe. Je le sais, car je le côtoie régulièrement dans ma circonscription du Valenciennois. Mais la crainte du déclassement, la baisse constante du pouvoir d'achat avec des salaires et des pensions qui stagnent et des factures qui augmentent, l'angoisse face au terrorisme et à l'intégrisme, l'absence de réponse aux questions liées à l'insécurité, la déshumanisation croissante des services publics sont autant de poisons pour notre pacte républicain. Le chauffeur de bus qui habite dans un logement social a le droit aussi à la tranquillité dans son quartier et à des nuits paisibles. Les professeurs qui ont été traumatisés par l'assassinat de Samuel Paty ont besoin de se sentir soutenus et protégés. L'ouvrier qui travaille posté dans son usine, qui n'a qu'une pause de cinq minutes toutes les deux heures pour aller aux toilettes ou fumer une clope, qui gagne 1 278 euros net par mois et qui a toutes les peines du monde pour boucler son budget, attend forcément que l'on prenne en compte ses difficultés. Il faut savoir que ces salariés au Smic touchent également une prime d'activité versée par la CAF tant le niveau du Smic est bas. Je rencontre depuis des années des hommes et des femmes qui ont une fiche de paie d'un côté et cette aide sociale de l'autre. Sous François Hollande, elle s'appelait RSA activité. Sous Emmanuel Macron, c'est la prime d'activité. Quatre millions de salariés la touchent. Quatre millions dont les patrons sont ceux de Carrefour, Amazon, Auchan, Total, BNP, AXA… Et si un de ces salariés a, en plus, le sentiment d'être moqué, méprisé ou ignoré, alors il se tourne vers celle qui incarne à ses yeux le rejet du système. Il se dit « Je vais voter Marine Le Pen pour les emmerder ! » C'est à ce réflexe, sans issue, que nous devons nous attaquer.

Pour lutter efficacement contre un modèle économique qui organise l'appauvrissement de la population et la destruction des ressources naturelles, la solution ne peut pas être le vote pour le Rassemblement national. Parce qu'il n'offre aucune autre perspective que la haine des autres, le repli sur soi et le maintien de l'ordre libéral. Le parti de Mme Le Pen se vante d'être le premier du pays, mais concrètement, qu'est-ce que cela change pour le monde du travail, pour les Français ? Cela n'améliore pas leurs conditions de travail, ni leur salaire, mais crée en revanche des tensions dans le pays, entre citoyens. La défiance, voire la haine, s'installe entre nous, entre travailleurs, selon la couleur de peau, la religion. Quand les idées de l'extrême droite prennent racine, on a vu où cela nous a menés dans les années 1930. Ce climat est dangereux. La gauche a donc une responsabilité importante. C'est à nous qu'il revient de faire vivre concrètement dans le pays les valeurs de justice, d'égalité et de fraternité entre les citoyens. C'est à nous de faire vivre concrètement la République laïque et sociale défendue par Jaurès. Pour la gauche, et en particulier pour le parti communiste, le défi de la reconquête est immense. D'autant plus qu'il doit faire face à un « bruit médiatique » puissant en faveur du pouvoir en place. Je ne mets pas en cause les journalistes qui, dans leur immense majorité, exercent leur profession honnêtement. J'en croise beaucoup qui n'ont qu'une seule obsession, celle de pouvoir bien faire leur travail, tout simplement. Ce qui pose problème, en revanche, c'est la concentration des médias dans les mains de quelques grands patrons, stars du CAC 40 : Bernard Arnault, Vincent Bolloré, Arnaud Lagardère, Xavier Niel, Patrick Drahi… Chacun d'eux détient de puissants organes d'influence au service des mêmes projets libéraux. Avec eux, les intérêts dominants sont bien gardés. Ce n'est pas nouveau, certes, mais la tendance s'est lourdement accentuée au cours des dix dernières années. Ce qui est très grave, car si l'on essaie de tordre l'opinion des Français, de tronquer une élection, alors une part importante de l'électorat aura la tentation d'adresser un bras d'honneur aux représentants de cet ordre dominant. Et elle le fera de deux façons différentes : soit en s'abstenant, soit en votant pour l'extrême droite. Eh bien moi, j'aimerais que cette colère, que je comprends, se traduise non pas par un geste de désespoir, mais plutôt par une envie de reprendre le pouvoir.

C'est le sens de la candidature communiste : faisons entendre notre voix, faisons-nous respecter, mais construisons aussi ensemble un projet pour gouverner. La colère seule nous envoie dans le mur. Il faut lui offrir une perspective. Dire que l'on peut changer la société. Que l'on va la changer. Et nous allons le faire ensemble.

Une campagne présidentielle, c'est cela : un immense travail collectif, porté par un seul candidat. Je l'aborde avec responsabilité et combativité. Avec l'envie de faire passer la sincérité de notre engagement. Je connais la règle du jeu et je l'accepte. Les gens ne votent pas seulement pour un programme, mais aussi pour une personnalité. Alors autant se présenter avec sincérité. Et surtout, ne pas trahir les aspirations que l'on porte. Il ne suffit pas d'être « à la hauteur », encore faut-il être juste. Dire à un jeune qu'il n'a qu'à traverser la rue pour trouver du travail est par exemple pour moi totalement impensable. Cela ne me viendrait jamais à l'idée de prononcer une telle phrase. Pourquoi ? Tout simplement parce que je connais l'état du pays, je vis aux côtés des gens auxquels je m'adresse, je connais leurs difficultés, je comprends leurs attentes et je partage leur aspiration à une vie meilleure. C'est un bon début, non ?

3

Cette France du travail que j'aime

Les engagés et les planqués

Le monde du travail, celui des ouvriers, des enseignants, des aides-soignants, des comédiens, des agriculteurs, des agents d'entretien, des chercheurs, des ingénieurs, des fonctionnaires, des personnels de caisse, des restaurateurs, des commerçants et de tant de professions, peut se regarder dans la glace. Mieux, il doit être fier de ce qu'il accomplit, au quotidien, dans une abnégation admirable. C'est lui qui, dans des conditions souvent très pénibles et pour de modestes salaires, tient le pays à bout de bras depuis le début de la pandémie. Ces femmes et ces hommes m'émeuvent tout autant qu'ils me donnent de la force. Pouvoir exercer leur métier, par-delà les difficultés, dépasse pour eux le strict besoin de gagner sa vie, d'être utile ou même d'affirmer un statut social. L'enjeu est plus fondamental : c'est une question de dignité, tout simplement.

Quand le virus est arrivé, on n'a pas beaucoup vu les financiers, les ultra-riches, les éternels gagnants au jeu du « quoi qu'il en coûte ». Planqués, les premiers de cordée ! Toute honte bue, ils ont continué à tricher, à piller le pays, comme l'ont révélé de nouveaux scandales d'évasion fiscale. J'y reviendrai. À côté de cette minorité repue, que de souffrances ! Le monde du travail, ce n'est un secret pour personne, va mal. Il n'est pas entendu, pas respecté ni même entouré. Pire, il est méprisé, parfois même humilié. Rien n'est fait pour le reconnaître à sa juste valeur. Chaque demande d'augmentation des salaires est balayée d'un revers de main, pointée comme une lubie irréaliste au regard des contraintes de la compétitivité internationale. Quel cynisme, quand les milliardaires, eux, ont vu leur fortune augmenter de 3 900 milliards d'euros entre le 18 mars et le 31 décembre 2020, selon l'ONG Oxfam, qui s'appuie notamment sur les données du classement Forbes et du Crédit Suisse. En France, ces mêmes milliardaires – dont Bernard Arnault, troisième fortune mondiale derrière les Américains Jeff Bezos et Elon Musk – ont gagné près de 175 milliards d'euros durant la même période, dépassant leur niveau de richesse d'avant la crise. C'est la troisième plus forte progression, après les États-Unis et la Chine.

Faut-il s'étonner de leur morgue face aux exigences de justice sociale ? Ce sont les mêmes qui jadis déniaient au Front populaire le droit d'instaurer les congés payés. Les mêmes qui poussaient des cris d'orfraie quand la gauche imposait les 39 heures puis les 35 heures par semaine. Pour ceux-là, fidèles relais des milieux d'affaires et des financiers, le monde du travail se résume à un seul mot d'ordre : « Travaille, consomme et tais-toi ! » Cette indifférence à la souffrance provoque des ravages inouïs dans notre société. Des centaines de milliers de salariés perdent aujourd'hui leur travail, victimes à la fois des logiques de rentabilité des grands groupes et de la résignation d'un gouvernement incapable de conditionner la moindre aide publique. C'est une débâcle pour notre économie, doublée d'une accablante démission du politique.

Le combat exemplaire des salariées d'Onet

Depuis deux ans, je me déplace en moyenne une fois par semaine, dans toute la France. Je rencontre des salariés du privé comme du public, des indépendants, des agriculteurs, des artistes, des travailleurs qui se battent pour conserver leur emploi, qui luttent contre un plan soi-disant social mais qui ne l'est jamais. Il arrive que je vienne tout simplement partager leur quotidien, pour écouter, échanger, ressentir. Chaque fois, ce qui me frappe, c'est l'absence de reconnaissance. La douleur de ne pas être pris en compte. Je pourrais citer tellement d'exemples… Je me souviens en particulier d'une jeune femme de ménage, venue à ma rencontre lors d'une permanence pour demander un appui de son député en vue d'obtenir un plein-temps et gagner un peu plus de 800 euros par mois. J'entends encore ses mots, que j'ai notés sur mon carnet : « Je suis fière de moi. Ce n'est pas parce que je n'ai pas fait d'études que je ne mérite pas. Il n'y a pas de sous-métier. Je suis quelqu'un de droit. "Eux", par contre, ils ne sont pas honnêtes avec la France. Moi, tout ce que je demande, c'est de la reconnaissance. » Quand elle dit « eux », ce sont les « grosses têtes », celles qui sont au-dessus d'elle, qui l'emploient ou qui la gouvernent, mais qui ne la regardent jamais. Pour elle, il y a une forme de malhonnêteté à dire que l'on va s'occuper de vous « quoi qu'il en coûte », à formuler de belles phrases à la télévision quand la crise bat son plein, avant d'oublier les promesses sitôt après. Oh, il y a bien eu une prime ici, quelques heures défiscalisées là, mais le Smic, lui, n'augmente pas. Les femmes subissent toujours très majoritairement du temps partiel imposé et des CDD. Ce qui fait qu'aujourd'hui ce sont elles qui souffrent le plus, alors qu'elles sont aussi le plus souvent celles qui montent en première ligne. Voilà pourquoi, quand cette femme me dit qu'elle est fière d'exercer son métier, mais qu'avec 800 euros par mois elle ne peut pas à la fois élever ses enfants et s'occuper d'elle, avoir des loisirs, je suis révolté. Ses horaires de travail s'étalent de 6 heures à 10 heures du matin, puis de 17 heures à 19 heures. Cette société de l'argent et du chacun pour soi ne lui reconnaît pas le droit de vivre décemment, tout simplement. Pour Emmanuel Macron, elle doit savoir vivre avec 800 euros net par mois, même si les factures augmentent. Point final.

Que faire face à une telle injustice ? D'abord ne pas se résigner. Car c'est ce qu'attendent, au fond, ceux qui maintiennent leurs salariés dans la précarité : qu'ils acceptent leur sort en silence. Ensuite, mener des combats en commun, avec des objectifs précis, en s'appuyant sur la plus grande solidarité possible. Un vœu pieux? Une forme d'action de « l'ancien temps » forcément vouée à l'échec? Là encore, c'est ce que voudrait nous faire croire une certaine classe dominante, pour laquelle il n'existe aucune alternative à la régulation par le marché. Dans leur monde, les États ne sont conviés à intervenir que lorsque la mécanique dérape. Quand il s'agit d'injecter massivement de l'argent public pour éponger les dégâts de leur folie spéculatrice, comme en 2008, ou atténuer les ravages d'une pandémie. Avant de repartir de plus belle. Comme si de rien n'était.

Laissez-moi plutôt vous raconter la lutte exemplaire menée à Valenciennes par des techniciennes de surface, en proie à l'indifférence de leur entreprise. Onet est pourtant une multinationale française dont nous pourrions être fiers. Sa patronne, Émilie de Lombarès, fait partie, avec sa famille, des 500 plus grandes fortunes professionnelles de France, selon le magazine *Challenges*. Le groupe de propreté et de services se porte bien, puisqu'il présente un chiffre d'affaires de 2 milliards d'euros et emploie 74 000 personnes, répartis dans huit pays et 450 implantations. Et pourtant, les salariées qui travaillent à l'hôpital de Valenciennes, dans des conditions éprouvantes, insupportables, en particulier dans les 10 unités dédiées aux malades du Covid, ont dû batailler durant de longs mois pour obtenir une prime à la hauteur de leur engagement. Cet exemple est révélateur du mal qui ronge la France. Cette obsession de la rentabilité a fini par gangrener notre système de santé publique, avec les conséquences dramatiques que l'on sait. Au nom de cette vision exclusivement comptable, la direction de l'hôpital a choisi de sous-traiter au privé le nettoyage des chambres. Résultat, des cadences impossibles à tenir, des pauses réduites au strict minimum, quand elles peuvent être prises, et surtout le sentiment douloureux de ne pas pouvoir accomplir sa tâche comme l'exige le protocole. Par manque de temps, de matériel et de personnel.

À 35 ans, Mélanie ne sent plus ses bras, elle souffre de tendinites à répétition et n'en peut plus de devoir couper court aux conversations avec les malades. Au nom d'un temps minuté à ne pas dépasser par chambre, le travail est déshumanisé. « Le bon sens voudrait qu'on ait un statut de fonctionnaire hospitalier, comme avant », m'a-t-elle confié avant de s'engager, avec ses camarades, dans un légitime combat contre la direction. Avec obstination, elles se sont battues non pas pour décrocher la lune, mais simplement pour obtenir une juste reconnaissance. Elles qui souvent, comme Mélanie, ne touchent qu'environ 1 000 euros par mois, pour 28 heures par semaine, week-end compris, s'estiment exploitées. La plupart doivent assurer cinq week-ends pour en avoir un de libre. Et dans les bureaux, quelques-unes d'entre elles travaillent même six ou sept jours d'affilée avant de bénéficier d'une journée de repos. Pendant un an, elles se sont battues pour avoir suffisamment de temps pour nettoyer les chambres, comme l'imposent les règles sanitaires. Elles ont dû faire grève. Elles ont été méprisées, menacées. Mais elles n'ont pas faibli. Elles ont même gardé le sourire, portées par une solidarité indéfectible. Chaque fois que je suis allé les voir, ce sont elles qui m'ont donné de la force. Elles étaient pétillantes, rayonnantes, caustiques, moqueuses parfois. Il fallait les voir imiter un cadre ou rejouer la séance de négociations devant Émile, le secrétaire de l'Union locale CGT, toujours présent à leurs côtés. Elles n'ont pas tout gagné, en particulier le respect de délais élargis pour le nettoyage des chambres, mais au moins ont-elles obtenu une prime annuelle de 800 euros. Une lutte plus large reste à mener. Car ces salariés d'Onet, hommes et femmes, ne sont pas présents qu'à l'hôpital public. Ils le sont aussi dans les mairies, dans les collectivités, jusque dans les ministères. Je m'en suis rendu compte à l'occasion d'un rendez-vous avec Jean-Baptiste Lemoyne, le secrétaire d'État en charge du Tourisme. À l'entrée de l'immeuble, qui contrôle notre identité, qui défend l'accès au ministère, autrement dit un lieu de pouvoir de l'État républicain ? Un salarié de l'entreprise Onet ! Au-delà des conditions de travail, horaires et salaires que je n'ose imaginer, une telle intrusion du privé dans la sécurité du pays doit nous interroger. Jusqu'où sommes-nous prêts à aller dans l'externalisation des services ? Selon moi, c'est un mouvement dangereux, sur lequel il est urgent de revenir.

Quand l'humanité se dissout dans la productivité

Autre exemple édifiant, le sort qui est fait aux salariés de Renault. Voilà un groupe dont l'État est actionnaire et qui vient de bénéficier d'une aide de 5 milliards d'euros. Dans son dernier livre[1], Bruno Le Maire, ministre en charge de l'Économie et des Finances, raconte comment il a mis son veto à la fusion de Renault et Fiat-Chrysler, peu convaincu de l'intérêt d'une opération purement capitalistisque, dont les Japonais de Nissan ne voulaient pas. Très bien! Mais alors, que l'État ne s'arrête pas en si bon chemin et endosse pleinement son rôle d'actionnaire pour engager la relocalisation dont notre industrie automobile a besoin! Au lieu de cela, Renault empoche l'argent public et dans le même temps dévoile un plan de suppression de 15000 emplois dans le monde, dont 4600 en France. Où est la cohérence? Pour faire bonne mesure, le groupe annonce tout de même, en janvier 2021, son intention de produire des batteries électriques en France, à Douai. Enfin! Il se décide aussi à fabriquer des véhicules électriques. Tant mieux! Le ciel s'éclaircit? Eh bien non, car les vieux réflexes reviennent au galop. Où sera produite la future Dacia Spring Electric, présentée comme populaire et pas chère? En Chine, bien sûr! Elle sera ensuite acheminée vers l'Hexagone et l'Europe par porte-conteneurs, au prix d'une aberration écologique.

Je suis allé à plusieurs reprises à la rencontre des salariés de Renault Douai pour évoquer avec eux ces questions. Ils m'ont expliqué, chiffres à l'appui, comment il était possible de produire un tel véhicule dans nos usines dans des conditions compétitives. Ces échanges sont pour moi essentiels. Parce qu'ils démontrent que d'autres choix industriels sont possibles, mais aussi parce qu'ils m'éclairent sur les

1. *L'Ange et la bête. Mémoires provisoires*, Gallimard, 2021.

conditions de travail imposées aux ouvriers de notre pays. Je les interroge de façon très concrète : combien gagnez-vous ? Quels sont vos horaires ? Qu'est-ce qu'il se dit dans les ateliers ? Chaque fois, je suis effaré par les réponses, je découvre des scènes semblables à celles qu'a pu décrire Émile Zola voici plus d'un siècle. J'exagère ?

Je me souviens précisément d'une rencontre dans l'emblématique usine Georges-Besse de Douai, d'où sont sortis, depuis la mythique R5 en 1974, quelque 10 millions de véhicules. Ce jour-là, en ce début d'automne ensoleillé de 2019, ils sont sept face à moi, sanglés dans leur combinaison grise frappée du célèbre losange. Durant près de deux heures, ils vident leur sac, alors que se fissure la stature de Carlos Ghosn, « l'homme qui a vidé la France de ses usines ». Les sujets ne manquent pas, mais l'un d'eux revient en boucle : la souffrance au travail. « Ils n'ont plus qu'un mot à la bouche : la productivité », attaque Franck, un grand gaillard posé, au regard clair souligné par de petites lunettes rondes. « Le côté humain disparaît. Il faut toujours en faire plus. Et puis, il faut faire des économies sur tout. » Jusqu'à l'absurde. La preuve ? Un syndicaliste me tend son téléphone portable : sur l'écran, une photo, celle d'une paire de chaussures de sécurité utilisée depuis trois semaines par une ouvrière. Le pied gauche est une taille 39 tandis que le droit, du 41 ! Faut-il préciser que le matériel est fourni par l'entreprise ? « C'est la même chose pour les gants, rebondit Cédric, la barbe frémissante sous l'effet de la colère, il manque toujours la bonne taille. La direction est renouvelée tous les trois ans, alors elle s'en moque. À chaque fois, celle qui arrive fixe de nouveaux objectifs d'économies. » Résultat, brocardent les salariés, « le responsable du service achat a été mis à l'honneur pour sa bonne gestion ». Et tant pis s'il n'y a pas assez de bouchons d'oreille neufs pour tout le monde : « On nous demande de les laver ! » Tant pis si les « retoucheurs », ceux qui réparent les erreurs commises sur la ligne, doivent acheter eux-mêmes leurs outils. « Ils vont chez Brico Dépôt, mais ne se font pas toujours rembourser. »

Certes, la direction n'impose pas de tels achats personnels, mais les délais de réponse aux demandes de fournitures sont tellement longs que la lassitude finit par l'emporter. « Il faut pleurer pendant des semaines pour qu'ils lâchent quelque chose, c'est un jeu sans fin », se désole Cédric. La direction est en position de force. Face à elle, les salariés sont fragilisés par la peur du chômage. Beaucoup travaillent en intérim : ils sont plus de 300 dans ce cas sur un peu plus de 3 000 employés au total. « On a de bons fusils, mais nos cartouches sont un peu atones », résume un syndicaliste. « Peut-être qu'un jour ils vont se réveiller. » Je hoche la tête : perdant des troupes par fournées depuis plus de vingt ans, les syndicats se sont affaiblis face au patronat. Un peu comme le parti communiste, d'ailleurs. J'en profite pour rappeler les fondamentaux : groupés, on est toujours plus forts. Chacun choisit le syndicat qu'il veut, ce qui compte, c'est d'adhérer, de ne pas rester seul dans son coin, là où on est vulnérable.

En attendant, à Douai, il faut produire, toujours plus vite. À l'époque, fin 2019, l'usine « tourne » à un rythme de 90 000 véhicules par an, répartis sur trois modèles :

le Scénic IV, l'Espace V et la Talisman. En moyenne, un ouvrier passe une minute sur une voiture. « Mais on nous impose d'accélérer la cadence, de travailler à 115 % et ça, c'est pas possible. Le côté humain, social, c'est terminé, me confie David. Il y a dix ou quinze ans, les gens étaient contents de venir au travail… » Résultat d'une telle pression : les malfaçons se multiplient, sans qu'il soit possible de les évaluer précisément : « On n'a pas les retours réseau. » Les conséquences sur le personnel, en revanche, sont bien visibles et durement ressenties. « On nous oblige à mal travailler, regrette Philippe. Ça met un climat de merde. Psychologiquement, ils ne sont pas bien dans leur tête. Avant, le seul motif de brouille, sur une ligne, c'était choisir entre RTL, Europe 1 ou NRJ. Aujourd'hui, c'est plus simple, on n'a plus le droit d'avoir une radio à côté de nous. » Pour les femmes, qui représentent 14 % des effectifs, le malaise se traduit de façon plus pénible : « On n'a pas le droit d'aller aux toilettes en dehors des pauses, c'est-à-dire 10 minutes toutes les 2 heures et 20 minutes pour déjeuner, m'explique Soizic, ce qui pose des problèmes à certaines périodes du mois. Il faut une autorisation du médecin, du coup on la demande très rarement. D'autant plus que les remplaçants ne savent pas nous remplacer. » En cas de fortes cadences, les pauses pipi, décomptées du travail et donc non payées, s'échelonnent au rythme de 5 minutes toutes les heures et demie. Dans de telles conditions, pas simple non plus d'aller chercher un café, d'autant que « depuis trois ou quatre ans, on n'a plus le droit d'avoir une machine en bord de ligne ». Résultat, beaucoup renoncent à aller jusqu'à la « zone de vie » prise d'assaut au moment des coupures. « Le café, c'est un lien social, rebondit Cyril, la direction l'a bien compris. » La chasse aux « clandestins » serait même ouverte. « L'autre jour, un chef d'atelier qui avait repéré une machine Senseo à proximité d'une ligne l'a aussitôt photographiée, sans doute pour la montrer à l'étage supérieur… » L'anecdote est révélatrice d'un mal-être qui ronge le personnel. « Les salariés qui viennent ici sont lobotomisés », ajoute un syndicaliste.

« Toi, t'es enceinte, t'as zéro ! »

En visite la veille de ma venue, José Vincente de los Mozos, le vice-président exécutif de la production et de la chaîne d'approvisionnement, s'est lui-même rendu à l'évidence. À un syndicaliste qui lui demandait s'il avait l'impression que les salariés étaient bien au travail, le dirigeant a simplement répondu : « Non. » Comment pourrait-il en être autrement pour des ouvriers qui parcourent chaque jour 17 kilomètres sur leur ligne, jusqu'à 25 ou 30 pour les « kitteurs », ceux qui réparent les pièces au bord de la chaîne, « avec des chaussures de merde » ? Le tout pour des salaires qui dépassent rarement le Smic, tout juste 1 700 euros net après vingt ans d'ancienneté !

L'inégalité de traitement entre les hommes et les femmes se mesure à la fois sur la fiche de paie, « une centaine d'euros d'écart en moyenne », mais aussi dans la reconnaissance professionnelle. Alors qu'elle avait toutes les compétences requises, des rapports annuels d'évaluation excellents, une opératrice a dû patienter huit ans pour décrocher enfin son « P1CS », synonyme d'augmentation. Une autre évoque la réponse reçue à une demande de gratification annuelle : « Toi, t'es enceinte, t'as zéro, c'est d'office ! » Inutile de réclamer non plus quand on a été malade ou, pire encore, quand on a osé faire grève. « J'ai dix-sept ans de boîte, s'épanche une employée, et il n'y a aucune reconnaissance de ce que j'ai fait. On ne m'a donné aucun "bloc de compétences". » De tels exemples me font bondir : la lutte contre les inégalités salariales entre hommes et femmes devrait être une priorité absolue, et non pas cette marche à petits pas dont se satisfont les gouvernements qui se succèdent.

Le monde du travail a muté. La performance, érigée en dogme, prime sur toute autre considération, à commencer par le bien-être ou même la simple humanité. Je force le trait ? Un salarié, pourtant fort d'une longue carrière chez Renault, en a pourtant fait l'amère expérience, ainsi qu'on me l'a raconté : revenu dans l'usine après une longue dépression, l'homme de 60 ans est aussitôt affecté à la sellerie, autrement dit à l'habillage intérieur de la voiture. Un emploi très exigeant physiquement. « Ils l'ont mis sur un poste que même certains jeunes ne tiennent pas. Pour les anciens, c'est le bagne », me souffle Soizic. Plus tard, la jeune DRH de 25 ans à laquelle est confronté le sexagénaire restera inflexible, même quand une syndicaliste viendra lui demander si « elle ferait ça à son grand-père ». Pas de réponse. Et pour cause, la DRH est elle-même en contrat à durée déterminée, donc sous pression.

« À 30 piges, t'es démoli », m'assène Cyril. « Le taux d'arrêts maladie explose. Il y a le dégoût du travail, faut le dire. » Jamais sans doute, depuis que l'usine fonctionne, le malaise n'a été aussi grand. « Le fossé entre cadres, agents de maîtrise et ouvriers est immense, confirme Cédric, ce n'est plus un fossé d'ailleurs, c'est une falaise. Là-haut, ils disent qu'on est de la merde, on le sait. » Le constat désole les salariés autant qu'il les révolte. Car l'amour du métier, le souci de la tâche correctement exécutée, eux, sont toujours bien vivaces. Il faut capitaliser sur ces atouts. Rien n'est perdu, comme je le martèle aux salariés qui me font face : « Il y a forcément un avenir, mais il faut se battre. Exiger que les engagements, sur le développement de la voiture électrique en particulier, soient tenus. Arrêter aussi de délocaliser les productions, ça coûte cher et ça détruit la planète. » Ces dernières années, la fabrication du Kadjar est partie en Espagne, tandis qu'en Turquie les usines tournent à plein régime, samedis et dimanches compris, pour produire la Clio. Depuis les accords de compétitivité signés en 2013, Renault a supprimé 10 000 emplois, « l'équivalent de deux grosses usines », souligne un syndicaliste. Celle de Douai a perdu deux chaînes de montage. L'avenir s'écrit en pointillé, mais des perspectives existent. J'évoque la piste prometteuse de l'hydrogène, sur laquelle Renault s'engage trop timidement à mes yeux : en 2050, on sera 10 milliards d'êtres humains, il faut anticiper les besoins en mobilité et en énergie. Si un ministre est capable d'opposer un veto à une fusion avec Chrysler ou avec un géant de la grande distribution comme le québécois Couche-Tard avec Carrefour, alors il doit être possible d'impulser la relocalisation de notre industrie. Encore faut-il pour cela défendre nos fleurons face à la voracité destructrice des fonds de pension…

Bridgestone ou les ravages du capitalisme ordinaire

Il y a des renoncements qui font mal, très mal. Quand Mme Agnès Pannier-Runacher, ministre déléguée chargée de l'Industrie, vient voir les ouvriers de Bridgestone à Béthune, dans le Pas-de-Calais, pour leur annoncer qu'ils auront de très belles primes de départ, que croit-elle ? Que tout va bien, que les gens vont passer à autre chose ? Non ! Elle ne se rend pas compte que lorsque ces salariés se battent pour leur usine, ce n'est pas seulement leur emploi qui est en jeu, mais leur vie tout entière. Cette usine Bridgestone, je la connais bien, j'y ai distribué des tracts avec mon père quand j'avais 10 ans. Ce n'est pas un combat de communistes, ni de syndicalistes, c'est celui d'un bassin de vie tout entier, de centaines de familles qui travaillent là depuis soixante ans. Alors oui, des primes d'un niveau rarement atteint ont peut-être été négociées, mais que reste-t-il après ? Je le dis avec force : en procédant ainsi, on tue des gens, on abîme la société en créant du chômage de masse, on casse la dignité ouvrière. C'est ce qui s'est passé dans le Nord-Pas-de-Calais à la fin des années 1980, quand on a fermé les mines puis laissé partir des usines. Ils ont sacrifié une classe ouvrière devant laquelle il faudrait au contraire s'incliner avec le plus grand respect, au nom de l'admirable travail de redressement accompli après la guerre. Au lieu de cela, ce gouvernement, comme les précédents, la méprise, la maltraite, l'efface. Elle mérite tellement mieux que cette indifférence !

Dans le dossier Bridgestone, avec ma collègue sénatrice (PCF) Cathy Apourceau-Poly, nous avions alerté le gouvernement plus de deux ans auparavant en dénonçant le manque d'investissement des actionnaires japonais à Béthune, au profit d'une usine basée à Poznań, en Pologne, et d'une autre à Tatabánya, en Hongrie. Pour organiser cette compétition déloyale entre ses usines, le groupe a même bénéficié d'une aide de l'Union européenne pour le site polonais, d'un montant de 140 millions d'euros. Voilà à quoi sert l'argent public : à mettre en concurrence des salariés pour le plus grand profit des actionnaires. Ce n'est pas du capitalisme sauvage, c'est du capitalisme tout court. Pas étonnant que le gouvernement soit resté sourd à nos alertes. Pire, il aurait refusé la proposition d'un fabricant de pneus chinois qui voulait reprendre le site de Béthune avec les salariés. Le projet avait du sens pourtant, puisque l'Union européenne, et c'est très bien ainsi, va taxer les produits qui viennent de l'extérieur, pour forcer les investisseurs étrangers à fabriquer chez nous plutôt qu'à importer leurs marchandises. Après celui du Japon, l'usine de Béthune pouvait très bien battre pavillon chinois, pourvu que nous gardions les emplois et l'outil. Ils ont préféré distribuer les valises de billets. C'est désolant.

Il y a deux ans, il fallait mettre un veto sur la subvention européenne pour l'usine de Poznań. On savait ce qui allait se passer, puisque c'est écrit noir sur blanc. Les traités européens se vantent d'organiser une concurrence « libre et non faussée », mais cette concurrence est faussée par nature, puisqu'il n'y a pas de Smic européen ni d'harmonie fiscale entre les États membres. En réalité, les pays à bas coûts comme la Pologne, la Hongrie ou la Roumanie servent à mettre la pression sur les salariés français. C'est une forme d'attaque délibérée contre un pays. Nous devrions être capables de protéger nos concitoyens de telles agressions. Mais cela suppose, je l'ai déjà dit, de revenir sur ces traités européens qui imposent le nivellement par le bas des conditions de travail, qui promeuvent non pas l'émulation, mais le moins-disant social. Je sais bien que la France ne peut, à elle seule, changer les règles du jeu, mais au moins peut-elle les combattre. Or là, non seulement le gouvernement ne se bat pas, mais en plus il approuve et soutient ce modèle, pourtant source de tant de souffrances.

Le désarroi des « variables d'ajustement »

Quand l'Europe libérale et les actionnaires des grands groupes mettent les ouvriers de différentes nationalités en concurrence entre eux, ils ne font pas seulement le jeu du libéralisme. Ils créent de la haine et du racisme. Les responsables ce sont eux, pas les travailleurs étrangers. Il ne s'agit pas de pointer tel ou tel qui vient gagner sa vie en France – je suis à la tête d'un parti internationaliste –, mais de mesurer la détresse de celui qui perd son boulot parce qu'on fait venir quelqu'un qui « coûte moins cher ». Celle-ci est immense et peut conduire au désespoir. Je l'ai mesurée en discutant avec des cheminots, dans la gare de Moulins, à l'occasion d'une visite organisée par mon ami le député de l'Allier Jean-Paul Dufrègne. Nous étions une quinzaine ce soir-là, rassemblés dans le hall d'entrée sous le regard furtif de voyageurs en quête d'un guichet ouvert. Nous sommes alors en plein dans la réforme de la SNCF. Quelques minutes après les présentations d'usage, un agent laisse éclater sa colère. Il m'explique la dégradation des conditions de travail, le recours massif à des sociétés extérieures faisant appel à des salariés étrangers, pour accentuer la pression sur les salaires. Soudain, le ton change. La colère laisse la place au désarroi. L'homme qui me fait face, un solide gaillard d'une cinquantaine d'années, en charge de l'entretien des rails, commence à pleurer. Il est à bout, comme beaucoup de ses collègues autour de lui. Pour eux, ce n'est pas seulement un statut qui est menacé, des perspectives de retraite qui s'éloignent ou des avantages qui disparaissent. C'est une vocation, souvent transmise au sein d'une famille, qui se brise. « Bientôt, il n'y aura plus personne pour donner le coup de sifflet avant le départ du train », se désole un agent d'escale, avant de lâcher : « Un cheminot, quand on lui enlève son sifflet et sa casquette, on lui enlève tout, on le rabaisse. C'est comme si on le punissait. » Autour de lui, personne ne conteste la nécessaire évolution de la profession, comme dans bien d'autres services publics d'ailleurs. Mais le changement ne doit pas rimer avec renoncement. Or, aujourd'hui, le modèle capitaliste sacrifie l'humain et la sécurité sur l'autel de la rentabilité. Et tant pis si cela provoque des drames. Je partage donc la colère des cheminots, tout comme nous avons soutenu leurs propositions alternatives à une réforme destructrice, imposée à marche forcée par le gouvernement, sous la férule de l'Union européenne.

Les trois fonctions publiques, hospitalière, territoriale et d'État, subissent d'ailleurs les mêmes attaques, au nom d'une lutte hystérique contre la dépense publique. Pointés du doigt en permanence pour le « coût » qu'ils représentent, les fonctionnaires sont déconsidérés, malmenés, parfois méprisés. Il aura fallu au président de la République le déclenchement d'une pandémie sans précédent pour découvrir, tel Christophe Colomb avec le « Nouveau » Monde, l'existence d'une fonction publique de terrain, indispensable à la bonne marche du pays. Il ne lui reste plus qu'à prendre conscience de la précarité dans laquelle se trouvent, par exemple, certains agents de catégorie C, en particulier des femmes qui élèvent seules leurs enfants, pour réparer des injustices criantes. Ce gouvernement leur a supprimé les jours de congés supplémentaires auxquels elles avaient droit dans certaines collectivités, dans le cadre du régime dérogatoire. Le gel du point d'indice depuis 2017 en fait partie. Il est synonyme d'une importante perte de pouvoir d'achat, quand les factures des mutuelles, des assurances, des loyers, du gaz, de l'électricité ou de l'eau, elles, ne cessent d'augmenter.

Au-delà des salaires, le sentiment de n'être plus qu'une variable d'ajustement dans une politique de repli budgétaire provoque des ravages chez les fonctionnaires, mais aussi pour l'ensemble de nos concitoyens qui en sont victimes. Lors des permanences que je tiens dans ma circonscription, les demandes de soutien pour des démarches administratives explosent. Comment en serait-il autrement quand tant de postes sont supprimés aux guichets de la Carsat, de la CAF et de nombreuses autres administrations ? Dans ma région des Hauts-de-France, des milliers de retraités n'ont pas pu percevoir leur pension durant de longs mois en 2013 et 2015, en raison de fermetures de lieux d'accueil et de baisses d'effectifs imposées à l'époque. Certains d'entre eux ont dû se résoudre à demander de l'aide au Secours populaire parce qu'ils n'avaient plus rien à manger. Terrible épreuve infligée au terme d'une longue vie de travail.

Cinq ans plus tard, en 2020, aucune leçon n'a été tirée. Le nombre d'antennes locales de la Carsat dans le Nord est passé de 110 à… 25. La moitié ne fonctionne plus désormais que sur rendez-vous. Les demandes de renseignement sont systématiquement renvoyées vers une plateforme téléphonique, très difficile à joindre, ou bien vers Internet, au mépris d'une fracture numérique qui touche encore 17 % de notre population, selon les dernières études. Voilà ce qui arrive quand un gouvernement décide de ne remplacer qu'un départ à la retraite sur deux : il déshumanise les services dédiés à la population. Et ce ne sont pas les multiples « points d'accueil » brandis comme autant de paravents qui permettront d'assurer un suivi personnalisé des dossiers.

D'ailleurs, les Français s'en rendront vite compte avec la mise en œuvre de la réforme Macron intitulée « Action publique 2022 », qui vise à numériser les démarches les plus courantes dès le 1er janvier 2022. Les ordinateurs vont remplacer les êtres humains ! Autant dire que cela va être un vrai jeu de massacre. Les algorithmes se substituent petit à petit aux agents des services publics. Les interfaces numériques prendront la place des guichets. Je le vois bien chez moi, avec la fermeture de la trésorerie municipale de Saint-Amand-les-Eaux : sur 10 000 visiteurs annuels, la moitié sont des hommes et des femmes qui viennent tout simplement chercher une déclaration d'impôts, document indispensable pour acheter ses tickets de cantine, pour faire une demande de logement ou autre. Mais faute d'ordinateur ou d'imprimante à la maison, c'est la trésorerie qui remplit ce rôle. Pourquoi la supprimer ?

L'un des grands défis à relever à partir de 2022 est de redonner des moyens humains à nos services publics de proximité. L'affaiblissement de l'État, si cruel durant la pandémie, témoigne d'un manque de confiance désolant dans l'administration. Au point que le gouvernement a préféré recourir au cabinet de conseil McKinsey, spécialisé par ailleurs dans l'évasion fiscale, pour la mise en œuvre de sa stratégie de vaccination ! Le prix à payer pour cette démolition, initiée par Nicolas Sarkozy avec la suppression de 90 000 postes de fonctionnaires d'État entre 2007 et 2012, est sans commune mesure avec les économies réalisées. Il fallait à l'époque « casser du fonctionnaire ». C'était la feuille de route implicite de la fameuse RGPP, la Révision générale des politiques publiques, dont la mesure phare était le non-remplacement d'un fonctionnaire sur deux. Où en est-on aujourd'hui ? Quand on subit comme actuellement une crise au cours de laquelle beaucoup d'activités sont menacées et même arrêtées, heureusement que la fonction publique est là pour garantir des emplois et des salaires à plus de cinq millions de nos concitoyens. C'est sur eux notamment que reposent la relance et le redressement du pays.

Que les gros payent gros et que les petits payent petit

La France du travail, c'est aussi celle des petits patrons. Et même si cela peut paraître surprenant de la part d'un secrétaire national du parti communiste, je souhaite prendre leur défense. D'abord parce que je ne les place pas du tout dans la même catégorie que les dirigeants de grandes multinationales qui siphonnent nos richesses sans retenue avec l'évasion fiscale. Ensuite, parce que les chefs de PME sont eux aussi victimes des « vautours de la crise ». L'un d'eux, à la tête d'une société d'événementiel à Oissel, en Seine-Maritime, m'a ainsi expliqué qu'il devait payer 8 000 euros d'assurance pour un trimestre en pleine pandémie, donc sans activité. Comment s'en sortir avec de telles échéances ? Les assurances ont refusé de mettre la main à la poche pour couvrir les pertes d'exploitation, alors qu'elles ont accumulé, au fil des ans, un trésor de guerre de 100 milliards d'euros. Nous avons bien déposé des amendements pour taxer ces fonds de réserve à hauteur de 10 %, mais le gouvernement s'est contenté de broutilles, après avoir lancé des menaces d'opérette. Je pense aussi à ce cafetier du Valenciennois, privé de toute recette, qui a dû payer sa taxe foncière en décembre 2020 et trois mois de loyer d'avance en janvier 2021, c'est-à-dire 9 000 euros. On pourrait multiplier ces exemples presque à l'infini, hélas. Voilà les charges qui pèsent sur ces petits entrepreneurs, vis-à-vis desquels les assurances et les banques ne jouent pas leur rôle.

C'est pourquoi je défends le principe d'une banque publique pour l'emploi, qui prêterait à ces entreprises, qui prendrait des risques avec eux et les soutiendrait dans leurs investissements. De la même manière, il faut un système d'assurance public pour baisser cette charge qui pèse sur l'activité. André Chassaigne, à l'Assemblée nationale, propose un tel dispositif pour le monde agricole. Je suis également favorable à une modulation des cotisations sociales en fonction de la manière dont sont répartis les bénéfices, sous forme d'investissement, d'intéressement ou de dividendes. C'est un sujet qui me touche particulièrement. Mais je ne suis pas opposé aux dividendes que se versent des petits patrons, qui, parfois, se paient tout juste un salaire. Une coiffeuse m'a un jour expliqué que les dividendes qu'elle touchait en fin d'année sur ses salons représentaient pour elle l'équivalent d'un treizième mois, et qu'elle ne voyait pas pourquoi elle serait taxée davantage que les 30 % actuels, comme je le propose. On peut en discuter. De mon côté, je lui explique que ces 30 % sont une forme de contribution qui sert à financer les retraites, à ouvrir des écoles, à entretenir des hôpitaux… Bref, c'est de l'argent qui rentre dans les caisses de l'État. Au moins, cette coiffeuse ne triche pas avec son pays, elle ne défiscalise pas ses bénéfices au Luxembourg, aux îles Caïmans ou ailleurs. Et les 2 000 euros de dividendes qu'elle se verse en fin d'année ne sont pas volés.

Je comprends son sentiment d'injustice face à de tels comportements. C'est pour cela que je m'en tiens à ce principe simple : que les gros payent gros et que les petits payent petit. Or ce gouvernement fait tout l'inverse. Il choisit d'aider ceux qui en ont le moins besoin et de ne pas accompagner les autres à la hauteur de leurs besoins : par exemple avec la baisse des impôts dits « de production », d'un montant de 20 milliards d'euros sur deux ans. Inscrite dans la loi de finances 2021, la mesure concerne toutes les entreprises, sans aucune distinction, mais concrètement elle bénéficie surtout aux grandes entreprises et à celles de taille intermédiaire : un peu plus de 9 000 d'entre elles captent 6,6 milliards d'euros, tandis que les quelque 520 000 PME et TPE se partagent les 3,4 milliards restants. C'est l'inverse qu'il aurait fallu faire. Comme souvent avec cette majorité !

Une fêlure dans le pacte républicain

Dans un tel contexte, comment s'étonner de l'émergence des Gilets jaunes ? Cette fronde, je l'ai sentie monter au fil de mes rencontres dans les entreprises, dans les cafés, sur les marchés, mais aussi lors de banquets d'aînés, que j'aime fréquenter. À cette époque, à l'automne 2018, je suis sans arrêt interpellé sur la hausse de la CSG, sur le niveau des retraites, la stagnation des salaires, les cadeaux faits aux plus riches… Avant même le débat sur la taxe carbone, le couvercle de la marmite est prêt à sauter. La colère est profonde et nous devons absolument la partager.

Le monde du travail se sent agressé, ponctionné, floué. Le parti communiste ne peut bien sûr pas rester en marge. Les combats des Gilets jaunes, pour la justice fiscale, pour l'égalité, pour la dignité, rejoignent les nôtres.

Pour autant, nous ne sommes pas forcément les bienvenus sur les ronds-points. La première fois que je me rends sur l'un d'eux, à Saint-Amand-les-Eaux, il n'y a pas de syndicalistes, pas de militants. Seulement des gens du peuple, exaspérés par les politiques. De fait, la première main que je tends est refusée. Parce que je suis un élu, je suis un ennemi. Le ressentiment est profond. Il faut questionner cette animosité. Finalement, le dialogue s'engage parce que quelqu'un me connaît et présente aux autres mon engagement. Nous sommes sur le même terrain, on défend les mêmes causes et pourtant il a fallu un certain temps pour se comprendre. Je réalise que rien n'est acquis, hormis une défiance préalable.

J'en ai la confirmation quelques semaines plus tard, lors de ma cérémonie de vœux du député, au mois de janvier 2019. J'ai invité un groupe de Gilets jaunes, au grand étonnement de la police. Contre mon gré, deux cars de CRS sont d'ailleurs requis pour me protéger d'une éventuelle manifestation. Précaution inutile : la délégation, forte d'une cinquantaine de personnes, est simplement venue écouter un discours, par curiosité, en aucun cas pour semer le trouble, encore moins pour faire la claque. Le groupe reste à l'écart, au fond de la salle. J'évoque les combats que je mène à l'Assemblée nationale, contre l'évasion fiscale, pour le prélèvement à la source des bénéfices des multinationales, en faveur de la taxation des grandes fortunes. Je dénonce les inégalités, la hausse de la CSG, la casse des services publics, les plans sociaux… Dans l'assistance habituelle, personne ne s'étonne : mes convictions sont connues et pour la plupart largement partagées. Les Gilets jaunes, eux, viennent de les découvrir. Et ils sont surpris. « Mais vous êtes nombreux à parler comme ça, à l'Assemblée ? » m'interpelle une femme, témoin du fossé qui se creuse entre de nombreux citoyens et leurs représentants. La remarque pourrait me rassurer, voire me flatter tant elle suppose que nos préoccupations et nos objectifs sont les mêmes. En réalité, elle m'inquiète. Car elle souligne le rejet global dont souffre le monde politique, tous bords confondus. Il a sa part de responsabilité, naturellement. Mais le dénigrement permanent qu'il subit ne contribue pas à faire émerger les nuances. Quand la majorité En Marche impose la hausse de la CSG, ce n'est pas « l'Assemblée nationale » qui la vote, comme peuvent parfois le résumer certains médias. Moi, je suis député communiste et j'ai voté contre ! De cette confusion peut naître le rejet, jusqu'à favoriser l'antienne du « tous pourris ».

Mais ce serait trop facile de rejeter toute la responsabilité sur les autres, notamment les médias. Ces dernières années, un courant s'est développé pour jeter l'opprobre sur les partis politiques traditionnels, qui seraient soudainement devenus inutiles. À ces vestiges du passé, il faudrait désormais préférer des « mouvements », dont on commence pourtant à mesurer qu'ils sont au service d'une seule personne. C'est selon moi un danger pour la vie démocratique que de rejeter en bloc les partis politiques. Parce qu'ils sont organisés, animés souvent par des bénévoles, implantés dans tout le pays. Quand un phénomène de société émerge, comme celui des Gilets jaunes, qui peut l'accompagner, le soutenir, traduire ses revendications, structurer des actions ? C'est en tout cas ce que nous avons tenté de faire, dans toute la France, grâce à nos relais, nos fédérations, nos 50 000 adhérents. Quelle qu'elle soit, il faut une organisation, des assemblées, des représentants, une vie démocratique en somme. Sinon, sur quoi faut-il compter ? Sur de grands débats, comme celui proposé par le président de la République en réponse aux revendications des Gilets jaunes ? Où sont les résultats concrets ? Comme aurait dit Jacques Chirac, l'expérience a fait « pschitt ». Nous avons pourtant joué le jeu en participant massivement aux réunions. La démocratie participative n'est pas en cause, nous la pratiquons activement de notre côté, en particulier avec notre plateforme « La France en commun ». Mais réprimer aussi violemment une telle aspiration populaire, avant de la dissoudre dans des manœuvres politiciennes comme l'a fait le gouvernement, c'est pire qu'une tromperie. C'est une fêlure dans notre pacte républicain.

L'avenir : le partage du pouvoir dans les entreprises

J'ai visité, à Tarnos dans les Landes, à l'invitation du maire Jean-Marc Lespade, l'entreprise Sefi, où j'ai pu discuter avec les salariés et leur patron. Au total, ils sont 31 et travaillent dans le secteur de l'aéronautique. Les clients sont les grands donneurs d'ordre du secteur, Safran, Dassault… Sefi réunit dans la même entreprise un bureau d'études et un atelier de fabrication. Les compétences sont multiples : des commerciaux, un bureau d'études avec des ingénieurs mais aussi des fraiseurs, des soudeurs qui fabriquent les pièces sur place. Cela ressemble à une entreprise classique avec des actionnaires, des objectifs de rentabilité, de compétitivité, le tout assorti de distribution de dividendes. Sauf qu'ici, c'est différent. Radicalement. Car tout se décide en commun : au cours de l'année, deux assemblées générales réunissent les salariés, les cadres et le directeur pour prendre les décisions en toute souveraineté. La direction est élue par les salariés. C'est dans cette instance que se décident les investissements, les achats de machines, les embauches, les formations. C'est aussi là qu'ils décident de placer leurs « bénéfices » en fonds propres pour parer aux coups durs. Ce choix a été salvateur, au moment où la pandémie ralentissait les commandes. Ce « matelas », ces « réserves impartageables » leur ont permis de passer le cap.

Quand je pense à toutes ces grosses boîtes comme Renault qui ont distribué des milliards de dividendes pendant des années et qui, avec cette pandémie, ont quémandé l'aide publique ! Sefi, à Tarnos, s'en sort bien, malgré une dépendance vis-à-vis des grands donneurs d'ordre évidemment. Et quand l'entreprise réalise plus de bénéfices, l'assemblée générale décide d'en verser une partie aux salariés, l'autre partie venant alimenter les « réserves impartageables ». Car les salariés sont tous associés de cette boîte.

En fait cette entreprise est particulière : c'est une Scop et les salariés ne sont pas des actionnaires, mais des sociétaires.

Et leur modèle d'organisation montre qu'il est possible que des salariés décident des choix stratégiques. L'autogestion existe dans de nombreux domaines et de nombreuses entreprises travaillent sous cette forme, comme les 1336, ex-Fralib, qui produisent du thé. Le statut de Scop n'est peut-être pas un modèle applicable pour toutes les entreprises, mais il montre qu'il est possible de donner de vrais pouvoirs aux salariés. C'est ce principe que je défends pour mon pays, pour le monde du travail : faire confiance à celles et ceux qui produisent les richesses.

Faire de l'économie autrement, c'est possible !

De nouveaux modes de travail à (bien) encadrer

Faire confiance, sécuriser, protéger : voilà la feuille de route qui devrait nous guider pour un meilleur rapport au travail. Pas seulement pour les salariés, mais pour tous ceux qui exercent une activité professionnelle, quel que soit leur statut. Or c'est loin d'être le cas. Au cours de la décennie écoulée, le progrès technique a ainsi fait émerger de nouveaux modes de travail, sources de développement économique mais aussi, le plus souvent, synonymes de régression sociale. C'est le cas des plateformes numériques, qui ont bousculé bien des formes traditionnelles d'organisation du travail. À leur arrivée en France, la liberté du lieu d'exercice, le choix d'horaires individualisés et décalés, la simplicité de l'engagement répondaient sans conteste à une réelle aspiration à l'autonomie. Leur offre faisait également écho à une défiance grandissante d'une partie de la population active à l'égard du salariat, en particulier des jeunes. La faute à une succession de réformes libérales qui ont affaibli les droits des salariés, tout autant qu'elles ont renforcé les ressorts d'un management de plus en plus agressif, comme chez France Télécom par exemple. En d'autres termes, ces plateformes numériques de travail sont arrivées au bon moment pour proposer un nouveau cadre, présenté comme plus souple, à des personnes souvent éloignées de l'emploi. Une aubaine ? Plutôt une occasion gâchée, pour le moment, de créer un modèle digne et équitable, à la hauteur des exigences de notre temps.

À rebours de cette ambition, la modernité de l'outil dissimule en réalité un contournement massif du droit, en particulier du droit social. Le refus obstiné de recourir au modèle du contrat de travail, en contrepartie de l'exécution des services proposés, ouvre la voie à de flagrants et néfastes déséquilibres. Non seulement les plateformes de travail soumettent à une concurrence déloyale les entreprises des secteurs dans lesquels elles évoluent, respectueuses, elles, de la réglementation, mais sous couvert de la liberté affichée, les travailleuses et les travailleurs liés à ces plateformes se retrouvent dans des situations d'exploitation dignes du début du siècle dernier. Dépourvus de droits syndicaux, ils n'ont qu'une seule alternative : se taire ou partir. Qu'ils viennent à protester et la sanction tombe en un clic, sous la forme d'une désactivation de la plateforme. Privés du statut de l'emploi, les chauffeurs ou les livreurs n'ont quasiment aucun droit : pas d'assurance chômage, pas d'affiliation au régime des salariés de la Sécurité sociale, pas de salaire minimum ni de congés payés…

Sous la pression d'une concurrence exacerbée, le système ainsi mis en place aboutit à une précarisation accrue des travailleurs, parfois mineurs ou sans papiers, victimes d'un dumping social effréné. C'est ce qu'on appelle l'« ubérisation » de la société…

Face à un tel constat, de nombreuses batailles se sont engagées devant les tribunaux pour requalifier ces nouveaux liens en véritables contrats de travail. Elles sont nécessaires. Mais il faut aller plus loin et porter dans la loi des règles opposables à tous les acteurs du secteur. C'est ce que le groupe communiste, républicain, citoyen et écologiste a défendu dans une proposition de loi présentée au Sénat par mes camarades Pascal Savoldelli et Fabien Gay. Le texte a pour objectif de créer un véritable statut pour ces travailleurs, qui garantisse à la fois de meilleures conditions de travail, des protections sociales, mais aussi l'autonomie à laquelle ils aspirent, comme tous les travailleurs. L'assimilation aux salariés ou la présomption de salariat semble ainsi être la meilleure solution pour non seulement permettre l'application d'un régime émancipateur et protecteur, mais aussi rendre plus difficiles les stratégies de contournement de la législation sociale déployées par les plateformes de travail et faire cesser leur résistance au marteau du juge.

Le progrès technique mais aussi la pandémie bouleversent nos modes de vie et de travail à un rythme vertigineux. Pour quels profits ? Le défi est immense pour les mettre au service de l'humain d'abord, plutôt qu'entre les mains d'une économie libérale jamais rassasiée. De nouvelles formes de travail vont émerger au cours des prochaines années, à l'image du télétravail. À nous de les encadrer au plus juste, pour en faire des outils de progrès social et non des prétextes à une destruction massive de nos droits et protections.

4

La France de l'évasion et des profiteurs

Le monde des tricheurs

L'évasion fiscale me révolte. Elle symbolise pour moi la désertion. Le refus d'assumer pleinement le devoir de solidarité sur lequel repose notre pacte républicain. L'égoïsme des plus riches s'affranchit de toutes les contraintes éthiques pour se concentrer sur un unique objectif : utiliser toutes les failles juridiques pour payer le moins d'impôts possible. Dans ce milieu, bien naïf est celui qui s'acquitte de son dû sans chercher d'échappatoire. En écrivant ces lignes, je n'ignore pas les réactions de certains : « Mais que croit-il, ce Fabien Roussel, qu'on vit au pays des Bisounours ? » Non, bien sûr, chaque scandale révélé par la presse, des SwissLeaks à OpenLux, me démontre le contraire. En revanche, je suis certain que l'âge d'or de la triche fiscale est terminé. Il faudrait être sourd pour ne pas entendre gronder le mouvement mondial qui se lève pour mettre fin à des pratiques dites « d'optimisation », derrière lesquelles se faufilent le blanchiment, le crime organisé, le trafic d'armes ou la traite d'êtres humains.

Les ravages d'un tel système sont régulièrement analysés, décortiqués et livrés au public. Alain Bocquet et son frère, le sénateur communiste Éric Bocquet, en ont par exemple exposé les ressorts dans leur passionnant livre *Sans domicile fisc*[2], prolongé par un second tome à découvrir de toute urgence, *Milliards en fuite. Manifeste pour une finance éthique*[3].

Dans un rapport inédit publié le 20 novembre 2020, la très sérieuse ONG Tax Justice Network évalue l'évasion fiscale mondiale à 427 milliards de dollars (360 milliards d'euros) par an. Dans ce total, pointent les experts, 245 milliards de dollars (206 milliards d'euros) proviennent de bénéfices exfiltrés par des multinationales vers des paradis fiscaux. Le reste, c'est-à-dire 182 milliards de dollars (153 millions d'euros), appartient à « des individus fortunés qui cachent des biens et des revenus non déclarés à l'étranger, hors de portée de l'application de la loi », soulignent les auteurs. Le préjudice pour les États est considérable. L'Union européenne voit ainsi s'échapper quelque 154 milliards d'euros… pour le plus grand profit de certains États membres, repaires bien connus de la flibusterie fiscale mondiale.

Parmi ces pillards de recettes, qui s'étonnera de trouver les Pays-Bas (36 milliards d'euros chipés aux voisins chaque

2. le cherche midi, 2016.

3. le cherche midi, 2021, écrit avec Pierre Gaumeton.

année), le Luxembourg (28 milliards) ou encore l'Irlande (16 milliards)? L'Union européenne laisse se développer en son sein une prédation dévastatrice, mais s'obstine à établir une liste noire de paradis fiscaux aux allures de conte pour enfants. Et pour cause : les États membres de l'UE, y compris les plus acharnés du *dumping* fiscal, en sont exclus d'office, de même que des cadors comme la Suisse ou le petit État américain du Delaware. Un peu comme si en son temps on avait sorti Pablo Escobar de la liste des principaux narcotrafiquants.

Cessons l'hypocrisie : cette concurrence fiscale est voulue, organisée même, par l'UE. Elle sert les intérêts bien compris du capitalisme en faveur d'une baisse généralisée de la fiscalité et des salaires. Chaque paradis fiscal de l'Union a sa spécialité. Pour le Luxembourg, c'est le zéro impôt sur les dividendes et les plus-values. Le signal envoyé aux autres pays, en particulier la France, est très clair : si vous voulez garder vos entreprises, à tout le moins les flux financiers, alors baissez vos impôts sur les dividendes! Le système est tellement verrouillé que toute modification est soumise à la règle de l'unanimité.

L'édifiant panorama dressé par Tax Justice Network n'a qu'un seul défaut : il ne reflète qu'une partie de la réalité. Il agrège en effet des données, anonymisées, fournies par les multinationales aux autorités fiscales de seulement 26 États membres de l'OCDE. Pour avoir une vue d'ensemble, il faudrait donc disposer des données publiques de tous les pays… Quel serait alors le montant réel de cette gigantesque arnaque organisée ? La récente enquête OpenLux, menée à partir de données publiques du registre d'affaires du Luxembourg, évalue les actifs détenus par des sociétés purement financières à 6 500 milliards de dollars, soit l'équivalent du troisième PIB mondial, après ceux des États-Unis et de la Chine. Qu'en est-il des avoirs détenus dans les autres paradis fiscaux ?

Il est urgent de faire la lumière sur tous ces mouvements opaques qui privent les pays de recettes légitimes. Le défi est immense, mais les lignes commencent à bouger. Je soutiens ainsi sans réserve l'appel initié en mars 2021 par l'économiste Gabriel Zucman pour la création d'un cadastre financier européen unique, complet et harmonisé. Aussi spectaculaire soit-elle, l'investigation OpenLux elle-même ne dévoile qu'une partie des richesses domiciliées au Luxembourg, puisque seuls les détenteurs de parts de sociétés non cotées sont identifiés. L'Europe doit aller plus loin et plus fort en matière d'échange d'informations et de transparence. Les États-Unis ont montré la voie en adoptant, au mois de janvier 2021, un Corporate Transparency Act qui impose à toutes les sociétés américaines de communiquer l'identité de leurs propriétaires effectifs aux autorités fédérales. À nous de faire mieux en rendant d'une part ces données publiques, et d'autre part en élargissant le dispositif à toutes les formes de richesses. Dans ce monde de tricheurs, la peur doit changer de camp.

#BalanceTonFraudeurFiscal

Les sommes évoquées donnent le tournis, au point qu'elles en perdent toute signification aux yeux du public. Concrètement, ce sont pourtant des hôpitaux qui ferment, des écoles que l'on ne construit pas, des routes que l'on n'entretient plus, des voies ferrées que l'on abandonne, des personnels soignants que l'on ne peut plus recruter ni même payer correctement… Cet argent détourné fait défaut à l'action publique et ce sont les plus défavorisés qui en souffrent. « Toutes proportions gardées, les pays les plus pauvres sont les plus touchés. Dans l'absolu, les sommes évadées sont moins importantes, mais ramenée à leur PIB, cette valeur représente un pourcentage beaucoup plus élevé que les pays riches. C'est presque mathématique », observe Éric Vernier, spécialiste des questions de blanchiment et des paradis fiscaux. Comble du cynisme, les multinationales, non contentes d'exploiter les ressources naturelles de ces pays, négocient avec leurs dirigeants des « rescrits fiscaux ». En clair, des arrangements, en toute légalité, pour payer le moins d'impôts possible.

En France, le manque à gagner pour le budget dû à la fraude fiscale est estimé, selon de nombreuses études, à au moins 100 milliards d'euros annuels, dont seulement 12 milliards ont pu être récupérés l'an dernier, selon la communication officielle du gouvernement. Voilà pourquoi j'assimile les pratiques d'évasion fiscale à de la haute trahison. Qu'elles puissent rester impunies, ou même faire l'objet de transactions, sans passer par la case justice, m'est insupportable. Peut-être serait-il temps de dire que ceux qui se livrent à ces actions ne sont pas des inconnus ? Que nous connaissons leurs noms, leurs adresses, les mécanismes qu'ils utilisent, les complicités qu'ils exploitent. Et que ces hommes et ces femmes doivent être traduits devant une juridiction spéciale pour y être sanctionnés à la hauteur du préjudice causé. « La fraude est à l'impôt ce que l'ombre est à l'homme », écrivait Georges Pompidou. Eh bien que cette face sombre soit maintenant exposée en pleine lumière !

Si demain j'étais élu président de la République, il ne me faudrait pas six mois pour établir une liste française des paradis fiscaux digne de ce nom, empêcher les transactions avec eux et interdire la présence d'institutions bancaires dans ces pays. De même, nous ferions voter une loi pour sanctionner par de lourdes peines de prison celles et ceux qui détroussent notre pays à coups de millions d'euros. Les banques comme UBS n'auraient plus le droit d'exercer en France. Je donnerais des moyens humains et technologiques suffisants aux agents des impôts pour démasquer les schémas d'optimisation fiscale des grands groupes. Je redéfinirais la notion d'établissement stable pour l'appliquer aux entreprises du numérique comme Amazon, Google, Apple, Facebook et consorts afin qu'elles payent leurs impôts en France, comme les autres. Je m'appuierais sur un réseau de lanceurs d'alerte pour traquer cette délinquance en col blanc. Et j'inviterais tous les Français à s'en mêler pour en faire une bataille populaire.

Pourquoi ne pas créer un hashtag « balance ton fraudeur fiscal » ?

Lorsque je me suis attaqué à Bernard Arnault, en octobre 2019, pour réclamer en justice la publication de ses comptes, j'ai aussitôt essuyé un flot de critiques. On m'a opposé les emplois créés en France, l'impôt déjà considérable acquitté auprès du fisc, le caractère légal de ses opérations de transfert, l'image de marque à protéger, que sais-je encore ! Il ne s'agit pas de dénigrer les activités économiques de M. Arnault : elles sont bonnes pour notre pays et pour son rayonnement international. Mais la prospérité du groupe LVMH et celle de son patron ne tombent pas du ciel, elles proviennent du travail des salariés. Or, cette richesse doit non seulement être équitablement partagée, mais aussi loyalement déclarée. Ce qui n'est pas le cas, alors que la loi l'impose. Lorsque je l'ai appris, je n'ai pas hésité un instant : j'ai assigné en justice Bernard Arnault pour le contraindre à publier les comptes de ses sociétés. L'un des temps forts, sans doute, de mon mandat de député.

Pourtant, ce n'est pas moi qui suis à l'origine de cette révélation. C'est un lanceur d'alerte, devenu un ami, avec lequel je travaille désormais régulièrement. J'ai découvert Maxime Renahy à travers son livre, caustique et incisif, *Là où est l'argent*[4], dans lequel il raconte son audacieux parcours d'espion bénévole pour les services secrets français. Administrateur de fonds le jour à Jersey, il décortiquait la nuit pour la DGSE les savants montages financiers qui font

4. Les Arènes, 2019.

la réputation de ce paradis fiscal notoire. Ce qu'il a mis au jour dans l'île anglo-normande, puis au Luxembourg, le laisse toujours abasourdi, tant la réalité dépasse la fiction.

Dès notre première rencontre, il m'apprend que le groupe LVMH, mais aussi Lagardère, Fimalac, Hermès et d'autres s'affranchissent de leurs obligations en matière de publication des comptes. Je décide alors, symboliquement, de m'attaquer au premier d'entre eux. Avec tout de même en tête cette interrogation lancinante : pourquoi est-ce à moi, simple député d'opposition, et non au fisc français, d'exiger le respect de la loi ?

En attendant que quelqu'un me donne la réponse, je finance moi-même l'action en justice. Au moins sera-t-elle efficace. Bernard Arnault, en effet, se résout à publier les comptes de son groupe pour les six dernières années… à la veille de l'audience, le 5 décembre 2019. Un scrupule de dernière minute sans doute. Un peu plus tard, l'analyse détaillée des documents laissera apparaître des transferts de titres, pour un montant total d'un peu plus de 2 milliards d'euros, vers la société Pilinvest, implantée en Belgique, un pays où la fiscalité est particulièrement avantageuse pour les plus-values sur titres. La manœuvre est peut-être légale, mais elle traduit surtout un besoin obsessionnel d'échapper au sort commun. Ceux qui l'utilisent, en général, n'aiment pas être découverts. D'où le recours à des mécanismes sophistiqués, dont le maître mot est l'opacité. Or j'avais envie de les exposer en pleine lumière. C'est pourquoi j'ai maintenu ma plainte, pour contraindre Bernard Arnault à venir s'expliquer publiquement à la barre. Entêtement coupable, puisque c'est moi qui pour finir serai condamné, pour abus de procédure. Qu'importe, j'ai payé l'amende sur mes deniers personnels, avec le sentiment du devoir accompli. Par la suite, j'ai écrit à d'autres groupes concernés pour leur demander de publier à leur tour leurs bilans. Plusieurs d'entre eux m'ont répondu de façon positive. La leçon que j'en tire est très simple : si un seul parlementaire peut obtenir de tels résultats, imaginez ce que j'arriverais à accomplir avec un gouvernement déterminé à lutter contre l'évasion fiscale.

D'ici là, ce sont des journalistes et des lanceurs d'alerte qui font le travail. C'est un sujet qui me touche de près, tant le sort qui est réservé à certains d'entre eux m'indigne. Je pense à Nicolas Forissier, qui a dénoncé les pratiques frauduleuses de la banque UBS dans laquelle il travaillait. À l'heure où j'écris ces lignes, le procès en appel vient tout juste de débuter. En première instance, en février 2019, la plus grande banque suisse a été condamnée par le tribunal correctionnel de Paris à payer une amende de 3,7 milliards d'euros pour « démarchage bancaire illégal et blanchiment aggravé de fraude fiscale » et 800 millions d'euros de dommages et intérêts à l'État français, partie civile. Un record historique pour une banque sous la Cinquième République. La somme a été calculée à partir du montant des fonds des 4000 riches Français repentis qui avaient déposé tout ou partie de leur argent dans les caisses d'UBS, et après la découverte d'un système comptable parallèle destiné à masquer les opérations d'évasion fiscale. « La banque a constamment fait prévaloir ses intérêts financiers propres sur les prérogatives régaliennes de l'État français », ont pointé les juges. Des manœuvres sanctionnées en partie grâce au courage de Nicolas Forissier, auquel le tribunal de Paris a reconnu le statut de lanceur d'alerte.

Licencié sans indemnités pour « accusations mensongères », ce gaulliste convaincu a dû faire face, pendant plus de dix ans, à l'acharnement non seulement de son ancien employeur, mais aussi de nombreux « experts » pour lesquels un lanceur d'alerte n'est rien d'autre qu'un « délateur ». Avec Éric Bocquet, nous avons demandé à plusieurs reprises qu'une décoration pour services rendus lui soit décernée, à tout le moins qu'une reconnaissance officielle de l'État lui soit accordée. En vain. Aujourd'hui, grâce à la députée socialiste Christine Pirès-Beaune, l'administration fiscale a la possibilité d'indemniser les « aviseurs fiscaux », dans certaines conditions et dans des cas bien précis. C'est une avancée majeure, mais le dispositif doit être élargi, car trop d'informateurs se retrouvent encore en grande difficulté financière après avoir permis à l'administration de recouvrer des sommes importantes. C'est le cas de Stéphanie Gibaud, qui elle aussi a joué un rôle déterminant dans l'affaire UBS. Plusieurs fois interpellé, le ministre de l'Intérieur n'a jamais voulu trouver une solution. Pourtant, sans eux, les tricheurs pourraient dormir encore longtemps sur leurs deux oreilles.

Vous avez dit « optimisation » ?

Où se trouve la frontière entre « optimisation » et « fraude » fiscales ? Réponse : dans le caractère légal, ou non, des schémas retenus pour passer sous les radars du fisc. Autrement dit, si vous restez dans les clous, « circulez, y a rien à voir ! » Vraiment ? Laissez-moi plutôt vous raconter ce que Maxime Renahy et moi-même avons découvert en nous intéressant de près au groupe Verallia, devenu le premier producteur de bouteilles en verre français à la suite du rachat en 2015 des sites de Saint-Gobain par le fonds d'investissement américain Apollo. Une transaction approuvée par le ministre des Finances de l'époque, M. Macron, sous la forme d'une participation de la Banque publique d'investissement (BPI). L'opération s'est avérée juteuse.

Le 12 juin 2020, Verallia annonce pourtant la suppression d'au moins 200 emplois en France et la fermeture d'un four de production à Cognac. La faute à la crise ? Pas vraiment. Le groupe affiche en réalité ses meilleurs résultats depuis dix ans, avec un chiffre d'affaires à 2,5 milliards d'euros, en progression de 9 %. Preuve de cette santé florissante : 48 heures seulement avant l'annonce de ce « plan social », les actionnaires ont choisi de se distribuer quelque 100 millions d'euros de dividendes, dont la moitié issue de la seule entité française. Parmi les heureux bénéficiaires, la BPI, pour un montant de 7,5 millions d'euros, et le fonds d'investissement Apollo, crédité de 55,5 millions d'euros au titre d'actionnaire principal. Le PDG, lui, s'est octroyé une belle augmentation de 20 %, pour une rémunération annuelle dépassant le million d'euros.

Comme si tout cela ne suffisait pas, nous découvrons que le groupe a réalisé une opération boursière, une belle « culbute » d'un milliard d'euros, en l'espace de deux ans, après son entrée en bourse. Sur cette somme, 559 millions d'euros sont partis, en toute légalité, vers les îles Caïmans, après avoir transité par le Luxembourg. Impôts sur les plus-values : zéro ! Le tour de passe-passe n'a rien de miraculeux. Il prend source dans une opération financière classique, réalisée par la société Horizon Parent Holding (HPH) : un rachat de parts sociales consigné dans les documents d'usage. Les assemblées générales des deux sociétés, domiciliées l'une au Luxembourg, l'autre aux îles Caïmans, ont bien eu lieu et le transfert de fonds validé. L'argent, mélangé à celui issu du terrorisme, du trafic d'armes, de drogue ou d'organes, est désormais à l'abri. Et aux yeux des actionnaires, c'est bien là l'essentiel. Quelle est la valeur des parts sociales ? Qui les détient ? Quelles sont les activités concernées ? Mystère. Dans les faits, le schéma utilisé est tellement complexe qu'il est quasiment impossible de tracer l'ensemble des transactions. Alors, optimisation ? Fraude ? À vous de juger.

Pour ma part, je suis parti au Luxembourg pour tenter d'en savoir plus. Normalement, c'est une équipe du fisc, et non moi, qui aurait dû débarquer au siège de la société Horizon Parent Holding, à l'origine de la transaction boursière avec les îles Caïmans. Les agents de Bercy auraient vu, comme moi, qu'HPH est actuellement en train d'effacer toutes les traces de l'opération par le biais d'une liquidation volontaire. Je n'ai pas mis longtemps à trouver l'immeuble, situé avenue Charles-de-Gaulle, dans la capitale du grand-duché. La bâtisse, certes imposante, n'a rien de commun avec les immenses tours de La Défense. Pourtant, le seul troisième étage loge pas moins de 93 entreprises, dont Apollo. De simples boîtes aux lettres, vous l'avez compris, derrière lesquelles se cachent des milliards d'euros. Dans le Delaware, petit État de la côte est des États-Unis, un immeuble abrite ainsi pas moins de 55 000 sociétés.

Pour en créer une, rien de plus facile : de nombreux sites internet vous proposent de vous guider dans vos démarches. J'en ai moi-même fait l'expérience, comme je l'ai raconté au perchoir de l'Assemblée le 4 décembre 2017. Nous débattions du premier budget de la majorité, impulsé par le Président des riches. J'avais préparé une intervention classique, avant d'être attiré par une information surprenante diffusée par France Info : des propriétaires de meublés étaient invités par la plateforme Airbnb à utiliser des comptes basés à Gibraltar pour se soustraire à l'impôt. J'ai voulu vérifier par moi-même et je n'ai pas été déçu. Sur le site SFM Offshore, j'ai pu créer en seulement quelques minutes la société « Ministère des comptes publics », dirigée par M. Gérald Darmanin, avec pour actionnaire principale Mme Amélie de Montchalin, alors cheffe de file des députés de la majorité au sein de la commission des finances.

Face au ministre de l'Action et des Comptes publics un peu interloqué, j'ai détaillé les options proposées : le choix parmi une liste de 23 paradis fiscaux (dont la Suisse, les Bahamas, Hong Kong, Singapour, Gibraltar, le Delaware...), un taux d'imposition alléchant, variant de 10 % à... 0 %, une carte bancaire cryptée avec laquelle on peut retirer jusqu'à 720 000 dollars par an et 30 000 en une seule opération… Bref, la fraude à portée de clic. Quatre ans plus tard, rien n'a changé. Le site existe toujours et propose les mêmes services. Mais ne soyons pas naïfs : de telles propositions, exposées sous forme de clip publicitaire, ne reflètent qu'une part infime de la « délinquance en col blanc ». C'est un peu « l'évasion fiscale pour les nuls ». Sonder la face immergée de l'iceberg requiert un tout autre équipement.

La guerre avec des pistolets à eau

Les multinationales organisent leurs propres montages, à l'abri des regards et à l'écart de toute morale. Elles font appel aux meilleurs fiscalistes de la planète, à des experts dont les services sont payés à prix d'or. Le jeu en vaut la chandelle. Le milliardaire américain Warren Buffett n'a-t-il pas déclaré que « tout va très bien pour les riches dans ce pays, nous n'avons jamais été aussi prospères. C'est une guerre de classes, et c'est ma classe qui est en train de gagner » ? Et en face ?

Pour contrer une armée aussi redoutable, on imagine que les États, lourdement spoliés, disposent de moyens à la hauteur. Que des bataillons d'avocats, eux aussi très bien rémunérés, traquent sans relâche les tricheurs, démontent les mécanismes les plus retors et, au besoin, aident à combler les fameux « trous dans la raquette ». Une évidence ? À voir…

En mars 2018, je me suis rendu à Genève, au siège principal des Nations unies en Europe. Je mettais alors la touche finale à ma proposition de loi sur les paradis fiscaux. J'avais rendez-vous avec le directeur en charge de ces questions. Il m'explique que l'évasion fiscale coûte chaque année plus de 100 milliards de dollars aux pays en développement. Je suis stupéfait. Mais la suite de la conversation me déstabilise encore un peu plus. À ma question sur les moyens mis en œuvre pour juguler cette fraude massive et pour tenter de récupérer l'argent, le responsable me lâche, fataliste : « Nous n'avons personne, pas de division dédiée, pas même un chef de service. Tout reste à faire. » Accablant constat : alors que le rythme des scandales révélés par la presse s'emballe, la réplique se fait toujours attendre.

En France, nos services fiscaux sont compétents, dévoués, actifs, mais eux aussi souffrent de moyens insuffisants. Portée par Gérald Darmanin, la loi de 2018 relative à la lutte contre la fraude fiscale prétendait remédier à cette carence avec la création d'un service d'enquêtes judiciaires des finances. Le texte a surtout consacré des regroupements d'effectifs plutôt que des créations de postes. Plus grave, la loi a étendu à la fraude fiscale la procédure de comparution sur reconnaissance préalable de culpabilité (CRPC) pour les particuliers, et la convention judiciaire d'intérêt public (CJIP) pour les entreprises. J'ai combattu ces deux mesures, qui permettent aux fraudeurs fiscaux de négocier leur amende dans le secret d'un bureau, en évitant la prison et la publicité d'un procès.

Combien de temps encore va-t-on ainsi rester l'arme au pied ? L'évasion fiscale est bien plus qu'une dépossession de richesses, c'est l'expression d'une défiance à l'égard des États, d'une contestation menée tambour battant par des multinationales qui rêvent tout haut d'un autre monde. Un monde dont elles seraient les maîtres, naturellement.

Les géants du numérique ont déjà posé la main sur notre vie quotidienne. Ils maîtrisent nos communications, régulent nos « réseaux sociaux », organisent nos loisirs, orientent nos goûts et notre consommation à travers de puissants algorithmes. Personne, pas même un président des États-Unis, n'échappe à leur contrôle. Et demain ? Les multinationales ouvriront des hôpitaux, des prisons, des écoles… Facebook, ivre de sa puissance, revendique déjà le droit de battre monnaie avec la Libra. Avant de lever une armée ?

« Les impôts sont le prix à payer pour une société civilisée », proclamait Henry Morgenthau, secrétaire du Trésor dans l'administration du président Franklin Delano Roosevelt, entre 1934 et 1945. Avant d'ajouter : « Trop de citoyens veulent la civilisation au rabais. » Que dire alors d'une civilisation sans impôts du tout ? L'hypothèse n'a rien de farfelu. Le spectre d'une société sans impôts se dessine d'autant plus rapidement qu'il s'appuie sur une course au moins-disant fiscal. Selon un rapport publié en décembre 2017 par la coalition Eurodad, qui réunit des organisations non gouvernementales de 25 pays européens, « si la tendance actuelle se poursuit, le taux d'imposition moyen des entreprises au niveau mondial pourrait atteindre… 0 % en 2052 ». L'étude révèle par ailleurs que sur les 17 États membres de l'Union européenne analysés, en y ajoutant la Norvège, « plus de la moitié disposent d'un nombre alarmant de pratiques fiscales dommageables, qui peuvent être utilisées par les multinationales pour échapper à l'impôt ». Quand Airbus, Renault, ou plus récemment PSA-Fiat-Chrysler, installent une holding aux Pays-Bas, il ne s'agit pas seulement d'optimisation fiscale. C'est aussi une attaque frontale contre notre modèle de société. Reginald Appleby, fondateur à la fin du XIXe siècle du cabinet d'avocats au cœur du scandale des « Paradise Papers », répondait ainsi à distance à Henry Morgenthau : « L'impôt sur le revenu est l'ultime raffinement de la torture humaine, auquel il faut s'opposer à tout prix. »

La guerre contre notre modèle est déclarée depuis longtemps. Elle est même encouragée par les traités européens, au nom desquels les États membres se livrent à une concurrence fiscale mortifère. Une telle anarchie, dans un marché unique en partie régulé par une monnaie unique, n'a aucun sens et devrait être combattue avec force. Or, c'est l'inverse qui se produit. La loi de la jungle est sanctifiée, dans le droit fil d'une idéologie pour l'heure dominante : contraindre des pays comme la France à réduire sans relâche la fiscalité sur le capital, pour l'aligner bien entendu sur le plus bas niveau, au nom de la sacro-sainte compétitivité. La ritournelle vous est familière ? Normal, le refrain est entonné à chaque début de discussion budgétaire par le ministre de l'Économie et des Finances. Et quand Bruno Le Maire s'attaque à l'évitement fiscal, il le fait avec un pistolet à eau. Sa taxe de 3 % sur le chiffre d'affaires des géants du numérique, adoptée en juillet 2019, n'a rapporté que 350 millions d'euros sur le premier exercice, quand les sommes à récupérer se chiffrent en milliards, toutes activités confondues. Les États-Unis font certes les gros yeux, menacent de surtaxer nos vins, mais ont-ils vraiment peur d'une telle « taxe *peanuts* » ? Il est temps au contraire de prendre des mesures à la hauteur des enjeux. Les entreprises du numérique tirent profit de la nature même de leurs activités. Immatérielles et réalisées à distance du consommateur, elles peuvent être déclarées dans n'importe quel pays. En 2017, selon l'association Attac, les Gafam ne déclaraient ainsi que 28 % de leurs activités réelles en France. Résultat, elles réduisent massivement non seulement leur impôt sur les sociétés, mais aussi les différents impôts calculés sur le chiffre d'affaires comme les impôts de production (CVAE), voire la TVA. Au regard des bénéfices estimés des Gafam, les recettes fiscales dues uniquement pour l'impôt sur les sociétés de ces cinq entreprises auraient dû atteindre 600 millions d'euros. Assise sur les seules entreprises du numérique, la taxe de Bruno Le Maire est donc bien loin du compte, en dépit de l'intense campagne promotionnelle qui l'a accompagnée.

Couper la route du paradis

Obtenir de meilleurs résultats n'aurait pourtant rien de miraculeux, pourvu que s'exprime une volonté politique sincère de lutter contre l'évasion fiscale. Des dispositifs ambitieux et opérationnels existent déjà, d'autres sont à inventer, ou à adapter sur des modèles à l'œuvre dans d'autres pays.

En janvier 2018, j'ai ainsi déposé une proposition de loi pour instaurer une liste française des paradis fiscaux conforme à la réalité, c'est-à-dire dépourvue d'exemptions géographiques, et assortie de nouvelles sanctions. La réforme que je proposais alors n'avait rien de révolutionnaire, puisqu'elle s'appuyait en grande partie sur les derniers travaux menés par l'OCDE. Elle aurait permis à coup sûr de rendre la liste plus efficace, avec notamment l'interdiction pour tout établissement de crédit dont le siège social est établi en France d'exercer dans les paradis fiscaux. Dans la lutte contre l'évasion fiscale, l'opacité est l'ennemi de l'efficacité. C'est pourquoi j'ai aussi demandé que l'élaboration de cette liste, tout autant que sa mise à jour annuelle, fassent l'objet d'un débat au Parlement. Le gouvernement a rejeté ces propositions en bloc. Mais elles restent plus que jamais d'actualité.

Un an plus tard, alors que le prélèvement à la source de l'impôt sur le revenu venait d'être mis en place pour tous les Français, j'ai suggéré de faire de même pour les bénéfices des multinationales. Ceci au nom d'un principe simple, juste et compréhensible par tous : les grandes compagnies doivent payer leurs impôts là où elles réalisent leurs activités et non dans les paradis fiscaux. En clair, il s'agit ici de taxer les bénéfices avant qu'ils ne soient exfiltrés vers des terres fiscalement bienveillantes. Comment? En utilisant une simple règle de trois. Le calcul des bénéfices imposables en France des entreprises internationales serait établi, dans ma proposition, à partir d'une donnée publique : le montant des profits réalisé au niveau mondial. Ce montant serait alors ajusté à la France en fonction de la part de ventes réalisées chez nous dans le total des ventes mondiales. Un mécanisme transparent, puisque l'information fournie sur le montant des ventes faites en France peut être vérifiée en utilisant les relevés de TVA. Un exemple concret? Une entreprise active dans la vente en ligne dégage 50 milliards de bénéfices au niveau mondial et réalise 15 % de son chiffre d'affaires en France. Le taux de 15 % s'applique alors au bénéfice mondial pour calculer le montant des bénéfices imposables, soit 7,5 milliards d'euros. Une base imposable sans doute bien plus conforme à celle déclarée aujourd'hui, à laquelle s'appliqueraient ensuite les différents crédits et réductions d'impôt, puis le taux d'imposition sur les sociétés.

Vous pensez qu'un tel dispositif est irréaliste? Qu'il se heurtera toujours à la toute-puissance des multinationales? Détrompez-vous. Inspiré par les travaux d'économistes, de chercheurs, d'experts, ce mode de prélèvement fonctionne déjà parfaitement dans des pays comme les États-Unis, l'Allemagne ou le Canada, où un impôt sur les sociétés peut parfaitement être perçu au niveau local. L'État de Californie établit ainsi son propre impôt sur les sociétés, désormais fixé à 21 %. Si Coca-Cola fait 10 % de ses ventes mondiales en Californie, alors 10 % de ses profits sont taxables en Californie. La France peut donc parfaitement appliquer à l'échelle d'un pays un mécanisme qui a déjà fait ses preuves au niveau local. Une telle réforme modifierait complètement, j'en suis convaincu, le paysage de la concurrence fiscale. Elle rendrait caducs les mécanismes de délocalisation artificielle des profits et montrerait aux États le chemin à suivre pour récupérer des recettes injustement détournées.

Joe Biden lui-même a fait le choix de redonner du sens à l'impôt en proposant une imposition mondiale minimale pour les grandes multinationales, à un taux compris entre 21 et 23 %. L'initiative du nouveau président américain mérite naturellement d'être saluée. Hélas, le taux de 15 % finalement retenu en raison des pressions exercées sur l'OCDE par les pays européens, en premier lieu par la France, qui plaidait pour un seuil à 12,5 %, est beaucoup trop faible au regard des sommes détournées. Avec les 21 % demandés par les États-Unis, la France aurait ainsi récupéré 16 milliards de recettes fiscales contre seulement 4 milliards avec le taux de 15 %[5]. La France s'est donc assise sur 12 milliards d'euros avec cet accord intermédiaire, quand des associations, elles, réclamaient un taux à 25 %. Un point positif malgré tout, le dispositif permettra de mettre un coup d'arrêt aux paradis fiscaux (Caïmans, Jersey, Guernesey et autres) qui pratiquent des taux d'imposition extrêmement bas.

Pour le reste, il s'agit vraiment d'un accord minimal, qui ne résoudra pas les questions de concurrence fiscale entre les pays développés. Après avoir été prise la main dans le sac avec des notes provenant du Medef lors de discussions sur la transparence fiscale à la Commission européenne, la France continue ainsi de servir les intérêts des multinationales après avoir défendu un taux au rabais. L'impôt sur les sociétés est aujourd'hui de 28 % en France, il sera réduit à 25 % l'année prochaine. Mais ce n'est qu'une étape, et l'on peut être sûr que Bruno Le Maire compte le réduire encore. Rappelons que le taux normal de l'impôt sur les sociétés en France était de 50 % jusqu'en 1985, avant de décroître jusqu'à 33,3 %, en 1993. Près d'un quart de siècle plus tard, Emmanuel Macron

5. Selon une étude de l'Observatoire européen de la fiscalité.

et Bruno Le Maire ont donc déclenché, en 2017, une baisse progressive pour descendre à 25 %. Et après ?

Il faudra donc se battre dans les années à venir pour augmenter substantiellement le taux de l'imposition mondiale, y compris de façon unilatérale ou dans le cadre d'une petite coalition de pays qui voudraient aller au-delà de ce taux plancher, comme le suggère l'économiste Gabriel Zucman, au sein de l'Observatoire européen de la fiscalité qu'il vient de créer.

Et en plus, ils sont prêts à payer !

Payer des impôts à juste proportion des activités réalisées dans le pays : est-ce une utopie que de vouloir faire respecter une règle aussi juste ? Le rejet par la majorité actuelle de nos différentes propositions pourrait le laisser croire, tout autant que les certitudes affichées par certains experts. Isolés dans notre coin, nous ne serions que de doux rêveurs. Le Conseil d'État vient pourtant tout récemment de nous donner raison : dans une décision rendue le 14 janvier 2021, la Haute Cour a ainsi reconnu la qualité d'« établissement stable » à la filiale française d'une société de marketing digital implantée en Irlande. C'est une première pour une entreprise du numérique, dont les filiales françaises étaient jusqu'à présent assimilées à des « coquilles vides », dispensées de TVA et d'impôt sur les sociétés. Pour les communistes, qui ont déposé en décembre 2020 une proposition de loi dont l'article premier réclamait justement une telle reconnaissance, cette victoire est un encouragement. Non seulement les géants du numérique ne doivent plus pouvoir échapper à l'impôt, mais ils doivent participer pleinement à l'effort de redressement national.

C'est ce que nous avons demandé dans cette proposition de loi : qu'une contribution exceptionnelle soit réclamée, uniquement pour l'année 2021, aux grands gagnants de la crise. Pendant que des millions de personnes tombaient dans la précarité, sur fond de traumatisme sanitaire et économique, les Gafam, eux, dégageaient de flamboyants profits. Le chiffre d'affaires d'Amazon a ainsi bondi de 37 % au troisième trimestre de 2020, pour s'établir à 96 milliards de dollars, soit quasiment à hauteur du plan de relance de la France, fixé à 100 milliards d'euros… L'effort que nous demandons n'a donc rien d'insurmontable. Le gouvernement l'a pourtant repoussé, sans doute dans la crainte fiévreuse de froisser de fidèles soutiens. Quelle erreur !

Car les riches sont parfois surpris eux-mêmes des cadeaux qu'on leur accorde. En janvier 2019, alors que je m'apprête à déposer ma proposition de taxer à la source les bénéfices des multinationales, je demande à rencontrer les dirigeants de Google France. Mon interpellation est aussi directe que faussement naïve : pourquoi envoyez-vous en Irlande et aux Pays-Bas le fruit des affaires que vous faites en France ? Je connais la réponse, mais je veux l'entendre de la bouche même de ceux qui organisent ce circuit bien connu, surnommé le « sandwich hollandais » ou le « double irlandais ». « On le fait tout simplement parce que c'est légal », m'oppose sans broncher un responsable de Google. Logique. La suite du discours est nettement plus décapante : « Vous savez, monsieur Roussel, nous sommes tout à fait disposés à payer des impôts en France, mais le gouvernement nous offre des dispositions que l'on ne réclame pas ! Le crédit impôt compétitivité emploi (CICE), par exemple, nous est accordé automatiquement, alors que l'on pourrait très bien payer normalement les cotisations sociales sur les salaires. » Interloqué, je le relance sur le crédit d'impôt recherche, auquel Google pourrait prétendre. La réponse fuse : « Ça, on n'ose même pas le demander, parce que ce serait exagéré. » Pour mémoire, le crédit d'impôt recherche nous coûte encore 6,5 milliards d'euros, soit presque deux fois le budget du CNRS, sans effet probant sur les dépôts de brevet, comme l'a démontré le cuisant échec de Sanofi dans la course au vaccin contre le Covid-19.

J'ai en mémoire une autre rencontre, avec Gérard Mulliez, en 2015. J'avais proposé au fondateur des hypermarchés Auchan de participer aux côtés de l'État à un fonds d'aides aux entreprises de la région des Hauts-de-France. « Pourquoi voudriez-vous que je fasse une chose pareille, quand l'État gère si mal son argent ? », m'avait alors vertement répliqué le patriarche d'une famille à la tête d'un patrimoine de 26 milliards d'euros. La dépense publique, au contraire, me semble corsetée à l'extrême. Je lui fais donc part de mes réserves sur son appréciation. « Mais pas du tout ! », s'enflamme alors l'homme d'affaires. Moi, je suis autonome, tout va bien. La seule chose que je demande, c'est de pouvoir ouvrir le dimanche. Et que me répond l'État ? Il me fait un chèque de 50 millions d'euros par an au titre du CICE, dont je n'ai pas besoin. C'est ça que j'appelle une mauvaise gestion ! » Voilà où nous en sommes : à servir sur un plateau doré des avantages qui ne sont même pas sollicités. Je me souviendrai toujours de cet échange de plusieurs heures et de la réponse franche de Gérard Mulliez. Et, pour une fois, je suis entièrement d'accord avec lui.

La France ne peut pas agir seule, c'est entendu, mais elle peut être un puissant moteur dans la lutte contre l'évasion fiscale. Cette question doit même être au cœur de l'élection présidentielle, pour entraîner un vaste mouvement en Europe. N'en déplaise aux tenants de l'ordre établi, les lignes commencent à bouger sérieusement. Les travaux de l'OCDE, depuis le lancement en 2013 du plan d'actions contre l'érosion de la base d'imposition et le transfert de bénéfices (BEPS), sont prometteurs. L'accumulation des scandales financiers a contribué à une très large prise de conscience des populations.

Au terme de leur mission d'enquête parlementaire sur l'évasion fiscale, Alain et Éric Bocquet ont proposé en 2016 l'organisation d'une Cop fiscale, placée sous l'égide des Nations unies. Cinq ans plus tard, leur souhait est en passe d'être entendu. Rendus publics en février 2021, les travaux d'un groupe d'experts de l'ONU sur la responsabilité, la transparence et l'intégrité financières internationale plaident en faveur d'une telle mobilisation. Les membres en appellent aux gouvernements pour qu'ils adoptent un « pacte global sur l'intégrité financière pour un développement durable à l'horizon 2030 ».

« Ils devraient pour cela, recommandent les auteurs du texte final, financer les mesures radicales qu'exigent la lutte contre l'extrême pauvreté, le Covid-19 et la crise climatique, en recouvrant les milliards de dollars perdus du fait de l'évasion fiscale, de la corruption et du blanchiment d'argent. » Composé d'anciens chefs d'État et de gouvernement, de gouverneurs de banques centrales, de chefs d'entreprise, de figures de la société civile et de chercheurs, le groupe de travail affirme ainsi que « jusqu'à 2,7 % du PIB global est blanchi annuellement, alors que les pratiques d'optimisation fiscale des multinationales coûtent aux gouvernements jusqu'à 600 milliards de dollars par an ». La feuille de route tracée par l'ONU est claire. Reste à passer des déclarations aux actes.

La forteresse érigée depuis des décennies n'est donc pas imprenable. Dans les entreprises, les salariés sont les meilleures sentinelles face à l'évasion fiscale. C'est pourquoi je propose de leur accorder un droit d'accès aux montages financiers mis en place dans leur entreprise, assorti d'une expertise juridique. Il faut aussi former les syndicats à décrypter les mécanismes les plus sophistiqués. Je souhaite faire émerger, dans tous les lieux de travail, des « garants de la République », pour traquer la délinquance en col blanc. C'est un combat qui peut nous unir très largement, indépendamment de nos couleurs politiques. De droite et de gauche, nous devrions tous être d'accord pour conduire cette action, ensemble. Car finalement, c'est la République que nous défendons. J'ai bien conscience qu'en menant ce combat je ne remets pas en cause fondamentalement les logiques de profit et d'exploitation. Mais, en le gagnant, nous pourrions au moins retrouver rapidement des marges de manœuvre financières importantes pour le pays, pour nos hôpitaux, pour investir dans notre appareil productif, pour le climat. En tout cas, je compte bien le porter très haut durant cette campagne présidentielle.

5

Un communisme durable!

Écolo coco!

Depuis le printemps 2019, la jeunesse défile pour exiger de ses aînés l'adoption de mesures drastiques, à la hauteur des enjeux posés par le dérèglement climatique et la destruction de la biodiversité. Cette mobilisation est capitale. Je la vis comme un encouragement, assorti d'un avertissement : tout est encore possible, pourvu que nous soyons suffisamment déterminés à agir pour changer la société et nos comportements. Nos enfants nous supplient d'en finir avec l'égoïsme, sous peine de compromettre notre avenir commun. Ils ont mille fois raison. Ne les décevons pas et construisons avec eux, sans attendre, le monde de demain, incompatible avec ce capitalisme destructeur qui aujourd'hui règne sans partage. Il faut que les jeunes prennent la main. Telle est l'ambition que nous portons pour la présidentielle de 2022, mais aussi bien au-delà.

Dans la période intense que nous traversons, nous pourrions être tentés d'accorder une priorité exclusive à la question sociale. Qui pourrait contester le terrible bilan de la crise économique liée à la pandémie de Covid-19? Depuis plus d'un an, la précarité a explosé, au rythme des délocalisations et des plans dits sociaux. Les inégalités n'ont jamais été aussi fortes. D'un côté, trois milliardaires de plus au palmarès français, qui totalisent en tout un patrimoine de 510 milliards d'euros. De l'autre, trois millions de Français sous le seuil de pauvreté en plus, qui s'ajoutent aux neuf millions déjà recensés. Des familles, des étudiants, de plus en plus nombreux, ont recours aux banques alimentaires. Déjà fragilisés, les chômeurs subissent de plein fouet les effets ravageurs de la réforme de l'assurance chômage, dont le maintien « coûte que coûte » trahit l'aveuglement idéologique du gouvernement. Pour eux, comme pour des millions de nos concitoyens, le plus urgent est de trouver les moyens de subsister, dans la dignité. Faut-il pour autant reporter nos efforts, en particulier financiers, pour réduire efficacement nos émissions de gaz à effet de serre? Non, bien sûr, et c'est le grand défi auquel nous sommes confrontés : répondre à l'urgence sociale et à l'urgence écologique avec la même exigence, la même énergie. Ne pas opposer les fins de mois à la fin du monde, selon la belle formule qui a fleuri dans les marches pour le climat, mais aussi dans les rassemblements des Gilets jaunes et pendant la convention citoyenne pour le climat. La France s'éloigne des objectifs définis dans l'accord de Paris. Il est urgent de changer de dimension, de définir des priorités et surtout de s'y tenir. Nicolas Hulot, en quittant son poste de ministre, a lui-même tiré la sonnette d'alarme. Le compte n'y est pas. Les moyens financiers engagés sont trop faibles et la France ne s'en sortira pas sans des investissements publics massifs.

L'approche écologiste du parti communiste n'est pas nouvelle, même si elle a connu, comme dans beaucoup de partis, des contradictions selon les époques. J'ai d'ailleurs retrouvé avec plaisir le superbe journal sorti en 1995 sur ce sujet lors de la campagne de Robert Hue. Les émissions de gaz à effet de serre, l'utilisation du train, pour les voyageurs comme pour le fret, plutôt que la route... Tout y était, déjà. La divergence que nous exprimons avec des partis écologistes tient à la nécessité de rompre avec le système économique actuel, dans lequel les logiques de profit priment sur tout le reste. Nous pensons qu'il est impossible de s'en sortir simplement en aménageant le modèle actuel et seulement en faisant reposer les efforts sur des comportements individuels. C'est toute la société qui doit changer. C'est une différence importante avec ceux qui acceptent, par exemple, le fonctionnement et les règles de l'Union européenne.

La finance a bien vu qu'il y avait un intérêt à investir dans l'écologie, dans le développement durable, dans les éoliennes, dans le photovoltaïque, dans l'hydrogène, dans les voitures hybrides, mais elle ne l'envisage que sous l'angle des profits. Peu importent pour elle les conditions de travail, le bien-être, la sécurité, le niveau de vie : tout ça n'est pas son affaire ! Pour le Parti communiste français, il est indispensable de revoir nos modes de production comme nos habitudes de consommation. Répondre à l'urgence climatique impose de sortir des logiques de profit. Cela suppose un changement profond de société, dans laquelle la démocratie serait renforcée. C'est aussi pour cela que nous souhaitons que de nouveaux droits soient accordés aux salariés et aux travailleurs pour peser sur les décisions de leurs entreprises. Je propose qu'un droit de veto leur permette par exemple de s'opposer à toute pratique de leur entreprise qui serait nuisible à la planète, aux droits sociaux ou à la santé.

Chaque citoyen, au XXIe siècle, doit pouvoir être une vigie chargée de contrôler les atteintes à l'environnement comme à la dignité humaine. C'est une idée qui commence à se répandre. En vertu d'un projet de loi présenté en mars 2021, l'Allemagne s'apprête ainsi à imposer de lourdes amendes aux entreprises dont les fournisseurs ou les filiales bafouent les droits humains à l'étranger. Le texte, qui impose un devoir permanent de vigilance aux groupes allemands de plus de 1 000 salariés, prévoit des sanctions comprises entre 100 000 et 800 000 euros, et même jusqu'à 2 % du chiffre d'affaires annuel pour les groupes les plus importants. C'est une voie intéressante, que nous pourrions mettre en œuvre chez nous, en donnant ce pouvoir de contrôle et d'alerte aux salariés.

Il n'y a pas de fatalité à la destruction de la biodiversité. Je ne partage pas la résignation de ceux qui considèrent comme inévitable l'arrivée de nouvelles pandémies. Comme s'il fallait se préparer au pire pour conserver le modèle capitaliste et la globalisation des échanges sur lequel il repose. À quel prix ? L'épreuve que nous traversons depuis mars 2020 nous secoue terriblement, dans notre chair et dans notre esprit. Nous devons tout faire pour éviter d'autres traumatismes comme celui-là. Plus jamais ça.

Devoir de vigilance et droits d'alerte

Comme le virus Ebola, le VIH, le SRAS, la grippe aviaire ou la grippe porcine, le coronavirus SARS-CoV-2 fait partie des zoonoses, ces maladies transmises de l'animal à l'homme. Les causes qui favorisent l'apparition de telles épidémies sont très nombreuses et je ne prétends pas les énumérer ici, encore moins les classer. Mais je partage pleinement l'avis de nombreux scientifiques : la destruction des écosystèmes et la surexploitation des ressources animales sont des facteurs importants de l'apparition de ces maladies. Comment en serait-il autrement ?

Selon un récent rapport de l'IPBES[6], près de 16 % des habitats terrestres et 66 % des habitats humains ont été modifiés de manière significative en un peu plus de quarante ans. Or, sur la même période, souligne le Fonds mondial pour la nature (WWF), l'abondance des populations de vertébrés dans le monde a diminué en moyenne de 60 %. La progression de la pandémie décrite par le WWF est donc progressivement libérée des obstacles naturels. Elle

6. IPBES : Plateforme intergouvernementale scientifique et politique sur la biodiversité et les services écosystémiques ; en anglais : Intergovernmental Science-Policy Platform on Biodiversity and Ecosystem Services.

commence par la déforestation, à laquelle succèdent le prélèvement et le trafic d'animaux, bientôt conduits aux marchés, avant la transmission entre espèces. Un cycle infernal, dont l'homme est l'unique responsable.

De la même manière, des climatologues nous alertent sur la fonte du permafrost depuis des années, dans l'indifférence quasi générale. Les dégâts sont pourtant déjà bien visibles. En Alaska, au Canada ou en Russie, des immeubles s'affaissent, des usines deviennent inutilisables, tandis que des ruptures d'oléoducs entraînent des marées noires. Mais ce dégel a d'autres conséquences redoutables : il peut libérer des millions de tonnes de méthane, un gaz à effet de serre bien plus dangereux pour le climat que le gaz carbonique, ainsi que des bactéries et des virus inconnus, prisonniers des glaces depuis des milliers d'années.

On risque effectivement une multiplication des pandémies si l'on ne s'attaque pas véritablement aux causes de ces dérèglements. C'est un enjeu immense, pour toute l'humanité. Le combat doit être mené au niveau de l'ONU. La lutte contre la déforestation en Amazonie, par exemple, ne peut pas se réduire à quelques coups de menton contre le président du Brésil, comme l'a fait Emmanuel Macron en marge du G7 de Biarritz, en août 2019. Surtout quand ces remontrances ne sont suivies, pour l'heure, d'aucun effet positif sur l'accord de libre-échange conclu entre l'Union européenne et les pays du Mercosur[7].

7. Mercosur : Argentine, Brésil, Paraguay, Uruguay.

Tous les pays devraient travailler ensemble pour préserver le poumon vert de notre planète. Mais que traduit l'action de Jair Bolsonaro ? Non pas la seule inconscience criminelle d'un homme ivre de lui-même, mais surtout la toute-puissance des multinationales, capables d'installer au pouvoir un chef d'État au service exclusif de leurs intérêts. Ce sont elles qui réclament le droit de détruire la forêt, plus de 11 000 kilomètres carrés rasés entre juillet 2019 et août 2020, soit la superficie de l'Île-de-France. Elles qui installent des fermes industrielles et des plantations de soja destinées à la fabrication d'aliments pour les élevages bovins. Elles également qui se livrent au pillage des minerais. Pendant combien de temps encore allons-nous accepter de tels saccages ? Nous avons notre part de responsabilité, nous aussi, dans ces choix politiques faits au Brésil, car nous importons du soja, de la viande, issus de cette agriculture.

Pour réduire son empreinte carbone, la France doit tenir compte de ce qu'elle importe. Ainsi, si nos émissions de gaz à effet de serre ont bien diminué de 25 % entre 1995 et 2019, les émissions issues de biens importés, elles, ont augmenté de 72 % ! C'est énorme ! D'où l'importance de produire en France ce que nous consommons en France, que ce soit la nourriture ou encore les voitures, les frigos, les télévisions, tous les biens manufacturés.

La complicité des États est engagée quand des aides publiques sont versées sans conditions à tous ces grands groupes qui délocalisent. Elle l'est aussi quand ils importent des biens produits en dehors des normes sanitaires et environnementales en vigueur. Elle l'est enfin quand ils ferment les yeux sur des comportements nuisibles à la planète. C'est pour cela qu'il faut, à côté des États, permettre à des citoyens, en particulier dans les entreprises, de s'opposer à des dégradations irrémédiables. Avec à la clé de véritables sanctions, financières voire pénales, à l'encontre des fautifs. Ce qui suppose de dépasser le cadre bien commode des déclarations de bonnes intentions dans lesquelles les entreprises se complaisent. La France est le pays des chartes ! Elles pullulent, de celles pour l'égalité des salaires entre les femmes et les hommes à celles pour une production éthique, en passant par le développement durable ou la responsabilité sociale, que sais-je encore… Une telle profusion est aussi ridicule qu'inefficace. Détruire des ressources naturelles est un crime, dont la sanction ne peut pas relever d'un simple accord négocié pour se donner bonne conscience. Il faut frapper fort et juste. Car les atteintes au climat et à la biodiversité, pour certains, sont synonymes de bonne santé… financière ! Et même de prospérité.

Les bonnes affaires de l'industrie pharmaceutique

Une opportunité économique. Voilà comment l'industrie pharmaceutique considère la pandémie qui meurtrit les peuples du monde entier depuis plus d'un an. Ces deux mots résument à eux seuls le gouffre qui nous sépare d'une telle conception mercantile de la santé. La guerre commerciale acharnée à laquelle se livrent des laboratoires et des États, au détriment des peuples et d'une livraison équitable des vaccins, est un scandale dont on parlera encore dans de nombreuses années.

Pour ma part, je ne retiens qu'un seul mot d'ordre : « Pas de profit sur la pandémie. » Avec 12 autres partis de gauche, mais aussi des associations et des syndicalistes, le Parti communiste français a initié, dès le mois de novembre 2020, une grande campagne européenne sous la forme d'une pétition en ligne. L'objectif : obtenir la levée des brevets pour libérer toutes les capacités de production, seul moyen de servir sans retard les populations du monde entier. Un acte révolutionnaire ? Pas vraiment. Quelques mois auparavant, le président de la République lui-même semblait y souscrire pleinement, dans une tribune publiée le 1er mai 2020 dans la presse européenne. « Si nous arrivons à développer un vaccin produit par le monde entier, pour le monde entier, il s'agira alors d'un bien public mondial unique du XXIe siècle. Avec nos partenaires, nous nous engageons à le rendre disponible, accessible et abordable pour tous », souscrivait alors Emmanuel Macron, dans un texte cosigné avec cinq autres dirigeants européens.

Il s'agissait à ce moment-là de lancer une conférence en ligne d'appel aux dons pour lever 7,5 milliards d'euros dès les jours suivants. L'heure était à la mobilisation, portée par de nobles valeurs. « Guidés par les objectifs de développement durable, nous pouvons repenser le pouvoir de la communauté, de la société et de la collaboration mondiale, pour nous assurer que personne n'est laissé pour compte », promettaient ainsi Ursula von der Leyen, Charles Michel, Giuseppe Conte, Emmanuel Macron, Angela Merkel, Erna Solberg. Un an plus tard, que reste-t-il de ces belles paroles ? Comme souvent avec l'actuel locataire de l'Élysée, un goût amer dans la bouche, celui des illusions perdues.

En ce début de printemps 2021, la pandémie de Covid-19 a déjà coûté la vie à près de 4 millions de personnes dans le monde. En France, à l'heure où ces lignes sont écrites, le cap des 110 000 décès vient d'être franchi. La multiplication des variants impose une angoissante course contre la montre : il faut vacciner vite, partout et sans relâche. C'est le moment de joindre les actes aux paroles. L'Afrique du Sud et l'Inde, soutenues par une centaine de pays en développement, demandent depuis le mois d'octobre 2020 à l'Organisation mondiale du commerce (OMC) d'activer les dérogations prévues dans les accords ADPIC sur la propriété intellectuelle. En clair, de lever les brevets sur les vaccins pour permettre de produire les milliards de doses dont l'humanité a besoin. La requête est d'autant plus fondée que les laboratoires ont bénéficié d'un financement public massif.

Les voix sont nombreuses pour libérer la production des vaccins. Cent soixante-quinze anciens chefs d'État et Prix Nobel de la paix ont signé une tribune dans le *Financial Times* pour l'exiger aussi. Le pape a appelé à « un internationalisme du vaccin ».

Pourtant, l'Union européenne, la France et la plupart des pays riches s'opposent farouchement à cette libération tant attendue. Main dans la main avec les multinationales pharmaceutiques, l'UE renie ainsi la promesse rédigée par Ursula von der Leyen le 1er mai 2020. L'histoire jugera. En se souvenant de la mise en garde lancée, voici plus de trente ans maintenant, par Thomas Sankara, figure emblématique de l'Afrique : « Il faut choisir entre le champagne pour quelques-uns et l'eau potable pour tous. »

5 mai 2021 : un espoir se lève. Après des mois de refus, l'administration américaine se déclare enfin favorable à la levée de la propriété intellectuelle sur les vaccins. Un revirement total, « un moment monumental dans la lutte contre le Covid-19 », espère Tedros Adhanom Ghebreyesus, directeur général de l'Organisation mondiale de la santé. Et Emmanuel Macron ? Touché par la grâce, ou peut-être pris de remords, qui sait, le voilà qui se dit, dès le lendemain de l'annonce américaine, « favorable à ce qu'il y ait cette ouverture de la propriété intellectuelle ». Pour nous, communistes, il est grand temps. J'ai été le premier à demander cette levée dans un courrier adressé au Premier ministre le 20 juillet 2020. Le refus poli que j'enregistrai quelques jours plus tard est la dernière réponse reçue d'Édouard Philippe avant son départ de Matignon. J'ai encore écrit à deux reprises au président de la République ces dernières semaines pour le convaincre de changer d'avis.

Au moment où j'achève ce récit, je veux encore y croire bien sûr, mais je n'oublie pas les dernières déclarations des principaux dirigeants européens et français, comme Agnès

Pannier-Runacher. Ces dernières semaines, ils n'ont cessé de nous expliquer, pendant que les laboratoires détenteurs des droits accumulaient des milliards de profits, qu'une libération des brevets n'aurait aucune incidence sur les capacités de production. Sans cette levée, impossible de mettre en route des plateformes de production là où elles font cruellement défaut, comme en Afrique. Le 25 avril 2021, dans un entretien au *New York Times*, Ursula von der Leyen admettait ainsi « ne pas du tout être partisane d'une levée des brevets », précisant qu'il convenait « de conserver l'ingéniosité du secteur privé ». Elle aussi va peut-être changer d'avis, comme Emmanuel Macron, sous la pression. Les prochaines semaines le diront. Mais que de temps et de vies perdus entre-temps.

Voici plus de vingt ans, il a fallu mener une rude bataille, déjà sous l'égide de l'Afrique du Sud, avec Nelson Mandela, pour permettre à des millions de personnes d'accéder aux traitements contre le virus du sida. À l'époque, une année d'antirétroviraux coûtait, pour une personne, entre 10 000 et 12 000 dollars par an. La majorité des Sud-Africains contaminés n'avait évidemment pas les moyens de se payer un tel traitement. En l'an 2000, 4,2 millions de Sud-Africains étaient infectés par le VIH. Le pays déplorait près de 1 000 morts par jour. Pourtant, le Big Pharma refusait de baisser le prix de ses médicaments, alors qu'ils permettaient déjà de sauver une vie sur deux.

Le gouvernement sud-africain a alors réclamé la levée des brevets sur ces antirétroviraux et la possibilité d'importer librement des médicaments génériques, beaucoup moins chers. En guise de réponse, le Big Pharma a attaqué en justice les auteurs de la demande. La bataille a duré trois ans, entre 1998 et 2000. Sous la pression de l'opinion, grâce à l'engagement d'artistes internationaux, de nombreuses personnalités, avec le soutien de Médecins Sans Frontières et d'autres associations, l'industrie pharmaceutique a finalement plié, s'est retirée du procès et a renoncé aux brevets. Une histoire exemplaire qu'il est bon de rappeler aujourd'hui.

Car nous avons le même combat à mener actuellement contre les propriétaires des brevets des vaccins contre le Covid-19. Les actionnaires du Big Pharma ne sont pas de petits actionnaires comme on en trouve parfois dans nos entreprises. Avec l'industrie pharmaceutique, on a affaire à du lourd. Du très lourd. On y trouve les grandes banques américaines, suisses, européennes, les fonds de pension anglosaxons comme BlackRock ou Vanguard Group, qui gèrent plus de 6000 milliards de dollars d'actifs américains. Leurs exigences de rentabilité sont à deux chiffres, voire plus. Y compris face à cet ennemi invisible, minuscule, insidieux, qui mute, se transforme, tue les plus faibles. Toutes nos intelligences, nos savoirs, nos ressources, nos énergies, nos moyens de production devraient être mutualisés, additionnés, pour produire et diffuser massivement le vaccin. Mais que font ces industriels ? Ils se font concurrence et organisent la pénurie en refusant la levée des brevets qui pourrait permettre à l'Union européenne, l'Afrique du Sud, l'Inde de produire ces vaccins. Ils ont affiché une trajectoire des prix allant, pour Pfizer, de 12 euros la dose début 2021 à 150 euros en 2022. Ils ne sont guidés que par la rentabilité. Ces fonds de pension n'ont aucun état d'âme face au drame qui se joue actuellement sur la Terre. La mort circule dans tous les pays pendant qu'eux comptent leurs billets. Ils ont un portefeuille à la place du cœur. Pour ma part, je n'aurai jamais la moindre complaisance avec ces gens-là. Il faut leur reprendre le pouvoir et le seul moyen pour cela, c'est d'assurer la maîtrise de l'État sur cette industrie et de développer une véritable politique publique de la santé. Or aujourd'hui, avec le Président des riches à la tête de la France, le seul mot d'ordre qui prévaut face à ce fléau, c'est la condescendance des puissants envers les fragiles, auxquels on réserve l'aumône en guise de protection.

La dignité humaine s'accommode mal de cette charité. C'est pourtant à elle que sont suspendus désormais près de 200 pays et territoires pauvres, à travers le programme Covax, coordonné par l'OMS et financé par les pays riches. L'initiative, dans un contexte de concurrence aussi effrénée, est bien sûr indispensable. Mais elle met aussi en lumière une révoltante inégalité de traitement, pointée par le directeur général de l'OMS. Au cours des trois premiers mois de vaccination, entre décembre 2020 et février 2021, pas moins de 130 pays, soit 2,5 milliards de personnes, n'ont pas injecté la moindre dose. Dans la même période, les trois quarts des vaccinations mondiales étaient réalisées dans seulement 10 pays, totalisant 60 % du PIB mondial. Comment mieux dire ? Dans quelques mois, lorsque toutes les doses commandées auront enfin été livrées, les pays riches rivaliseront alors de « bienfaisance » envers les populations en souffrance. Ils distribueront leurs surplus à grand renfort de communication, comme la France, qui a réservé de quoi vacciner trois fois notre population. Les multinationales, celles du numérique notamment, multiplieront les dons aux « fondations ». Spectacle indécent, derrière lequel ils tenteront de dissimuler à grand-peine un constat révoltant : quand une infime partie de la planète se pensera protégée, l'immense majorité, elle, attendra toujours qu'on lui tende la main. Pour combien de vies sacrifiées dans l'intervalle ? Je combats de toutes mes forces ce système qui place les profits au-dessus de la santé publique. Il est temps de prendre un nouveau départ, qui passe par un changement radical au sein de l'Union européenne, mais aussi, bien sûr, en France. Ce changement, c'est l'intervention de l'État ; c'est le contrôle citoyen. Ces politiques de santé ne peuvent plus rester dans les mains du privé. Elles doivent être garanties par des politiques publiques et libérées des appétits de la finance. La santé n'est pas une marchandise. C'est un bien commun. Elle nous appartient. À nous de décider ce que nous voulons en faire.

Jusqu'au dernier p'tit sou

La pandémie a mis en évidence un cruel constat pour notre pays. Nous avons perdu la main sur la production de médicaments, de vaccins et de matériel médical. La pénurie sur les masques, d'abord présentés comme inutiles avant de devenir indispensables, a servi de révélateur. Que de temps perdu, de tergiversations, avant de lancer la campagne de fabrication tous azimuts qui s'imposait. Au lieu de réquisitionner des sites, le gouvernement a même laissé fermer une usine spécialisée en Bretagne, dans le droit fil d'un déclin industriel entamé voici plus de quarante ans.

Le 31 mars 2020, à Saint-Barthélémy-d'Anjou, le président de la République semblait pourtant se ranger à l'évidence et traçait un nouveau chemin : « Cette crise nous enseigne que, sur certains produits, le caractère stratégique impose d'avoir une souveraineté européenne, de produire plus sur le sol national, afin de réduire notre dépendance et nous équiper dans la durée. » Je souscris pleinement à cette ambition, d'autant que notre parti la porte depuis si longtemps. Problème, le Président des riches ne se « réinvente » qu'en paroles. « Les promesses n'engagent que ceux qui les croient » : la formule date de l'ancien temps, mais elle lui colle à la peau. Comme pour la levée des brevets, il faudra chercher la sincérité ailleurs.

Pour notre part, nous préférons les actes aux belles envolées. À l'Assemblée comme au Sénat, les parlementaires communistes ont déposé, fin 2020, une proposition de loi pour créer un pôle public du médicament. Le texte, rejeté par la majorité En Marche, répond à une exigence largement exprimée depuis le début de la pandémie : pouvoir s'affranchir de la toute-puissance des groupes pharmaceutiques.

Nous devons être capables d'assurer à l'ensemble des Français un égal accès à tous les traitements grâce à une production et une diffusion publique des médicaments. Au nom d'un principe fondamental : le public ne recherche pas la rentabilité ni le profit, il sert l'intérêt commun. C'est pourquoi nous réclamons un contrôle public renforcé, voire la nationalisation, pour des entreprises comme Sanofi, dont 80 % du chiffre d'affaires est généré par la Sécurité sociale. Au lieu d'aller dans la poche des actionnaires, sous forme de dividendes (4 milliards d'euros par an en moyenne), l'argent serait ainsi réinvesti dans la recherche et la production de médicaments dont notre pays a besoin.

Au lieu de cela, Sanofi fait le choix de se concentrer sur les seuls traitements « rentables », avec les conséquences que l'on sait dans la course au vaccin contre le Covid-19. Comme si de rien n'était, la multinationale française, dont le chiffre d'affaires a progressé de 5,7 % au troisième trimestre 2020, poursuit en 2021 son entreprise de démolition : 400 postes supprimés en recherche et développement, qui s'ajoutent aux 300 détruits en 2019. Depuis 2008, le secteur, hors division vaccin, a ainsi perdu quasiment la moitié de ses effectifs : de 6 350 salariés à moins de 3 500. À mille lieues des enjeux de santé publique, les dirigeants de Sanofi gardent les yeux rivés sur la courbe exponentielle des bénéfices, établie à 2,3 milliards d'euros en 2020, en hausse de 9,4 %. Comme disait le regretté Michel Piccoli dans le film *Le Sucre*, ils veulent tous gagner « jusqu'au dernier p'tit sou ». Avant de tout perdre ?

Manger sain : un combat révolutionnaire

En finir avec la malbouffe. Dans un pays comme le nôtre, riche de tant de belles terres agricoles, l'objectif ne devrait pas être impossible à atteindre. Mieux, il répond à un rejet de plus en plus profond des nourritures industrielles, aussi faciles à consommer que désastreuses pour la santé. Devenue végane, végétarienne, végétalienne ou flexitarienne, une partie de la jeunesse pousse à de nouveaux modes de consommation. Elle participe à une évolution de nos productions agricoles vers une agroécologie responsable, synonyme d'une alimentation respectueuse de la terre et des animaux, comme des hommes et des femmes qui nous nourrissent. Nous voulons une agriculture délivrée des pesticides, mais aussi de justes prix pour ceux qui la font. Cette ambition, je la partage pleinement. Dans un monde idéal, cela devrait aller de soi. C'est hélas loin d'être le cas. Cet objectif passe par un combat révolutionnaire. Il suppose de remettre en cause le modèle actuel, colonne vertébrale de la politique agricole commune (PAC), qui conjugue production intensive et liberté des prix. Pour quels résultats ? Soumis à la mainmise des grandes surfaces commerciales, à un mauvais partage de la valeur ajoutée, nos agriculteurs sont contraints d'en faire toujours plus, souvent à perte, sous la menace d'une concurrence internationale déloyale, organisée par les traités de libre-échange.

La dictature du rendement est une souffrance pour nos agriculteurs et freine leur volonté de faire évoluer leurs pratiques vers une production plus respectueuse de l'environnement. La décision du gouvernement, fin 2020, d'autoriser à nouveau l'utilisation des néonicotinoïdes, dont la dangerosité pour les insectes pollinisateurs, l'environnement et les humains n'est plus à démontrer, éclaire la volonté de préserver coûte que coûte un modèle destructeur mais jugé rentable. Il faut en finir avec ce cynisme, doublé d'un contresens économique : à moyen terme, les bénéfices auront fait place à la désolation et à la ruine.

Nos agriculteurs ne sont pas des pollueurs. Ils vivent sur leurs exploitations, aiment leur métier, consomment ce qu'ils produisent, veillent sur l'alimentation et le bien-être de leurs enfants. Simplement, ils n'ont pas eu d'autre choix que d'augmenter sans cesse leurs rendements. Ils n'ont souvent pas d'autres débouchés que les grandes enseignes.

J'ai eu la chance de rencontrer beaucoup d'agriculteurs et d'agricultrices dans ma circonscription. J'ai passé du temps avec eux pour connaître leur métier, leur passion. Ce qu'ils font, peu de Français le feraient. Ils doivent travailler sept jours sur sept, 24 heures sur 24. Pas de week-ends, de jours fériés, de vacances de Noël. Quand ils décident de s'échapper quelques jours, il faut trouver des personnes de confiance pour surveiller l'exploitation, nourrir les bêtes, traire les vaches. C'est un métier qu'ils exercent en famille. Mais il est extrêmement dur. Dans les longues conversations que j'ai eues avec eux, j'ai vu parfois la colère et les larmes monter dans leurs yeux. Eux, des empoisonneurs ? Le soupçon monte dans la société, né du débat sur les pesticides, et il fait des ravages chez les professionnels de la terre.

Je me souviens de cette agricultrice, mère de deux enfants, productrice de lait avec ses 70 vaches, qui me lance, dans un coup de sang : « Vous croyez qu'une mère de famille empoisonnerait ses enfants ? Je ne les empoisonne pas quand je leur donne à manger, ainsi qu'à mes parents, ce qui vient de ma ferme, de mes animaux. Comment peut-on oser dire que c'est nous qui empoisonnons les Français ? Tous les produits que nous utilisons sont agréés et validés par l'État. Nous apprenons à l'école comment il faut les utiliser. Nous devons respecter, tous les ans, de nouvelles normes, toujours plus rigoureuses. Nous sommes contrôlés plus que n'importe quelle entreprise par différents services de l'État. Dès qu'une trace d'antibiotique est repérée dans le lait issu de mes vaches, c'est toute la traite qui est jetée. Tout cela, je l'accepte. Alors s'il y avait un empoisonneur dans ce pays, ce serait celui qui nous autoriserait à utiliser des produits qui seraient nocifs. Mais surtout pas nous ! » Ce cri du cœur, il faut l'entendre. Ce que demande cette éleveuse, c'est tout simplement des règles communes, des prix d'achat garantis et la possibilité de ne pas être obligé de produire du volume pour gagner sa vie. C'est pourquoi il faut garantir un prix minimum d'achat pour un certain nombre de produits alimentaires, mais aussi des débouchés pour ces produits en France, dans nos cantines, dans nos restaurants et dans nos grandes surfaces. Parallèlement, nous devons être plus stricts et rigoureux vis-à-vis de nos importations et ne pas accepter de faire entrer en France des produits que nous interdisons à nos propres agriculteurs ou qui ne respectent pas nos normes sanitaires et environnementales. Il faut protéger le marché français. Malheureusement, les lois de la concurrence inscrites dans les traités européens, tout comme la politique agricole commune, n'ont pas cette visée. Des industriels de l'alimentation, de l'élevage, y compris français comme Lactalis et son PDG, Emmanuel Besnier, onzième fortune de France, profitent de cette libéralisation des prix et de la levée des quotas pour imposer leurs tarifs et pour organiser la filière. Mais tout cela se fait au détriment de la qualité des produits, tout comme des petites exploitations familiales qui, pourtant, sont la richesse de notre pays. Savez-vous que ce sont aussi les agriculteurs qui façonnent nos paysages, nos vallées, nos montagnes ? Imaginez que tout cela disparaisse demain au profit de grandes infrastructures céréalières ou d'élevage… Cela commence déjà dans certaines régions, et déjà les paysages se transforment en longues plaines uniformes, sans caractère, sans couleur, sans vie.

Des solutions existent pourtant, comme nous l'avons démontré lors du débat sur les néonicotinoïdes. Elles relèvent d'un changement complet d'état d'esprit, plus conforme aux exigences de notre temps. L'État doit ainsi intervenir directement pour protéger son agriculture. Nous avons par exemple proposé la prise en charge des pertes éventuelles de récolte de betteraves sucrières par la création d'un fonds public d'indemnisation, destiné non seulement à compenser les catastrophes agricoles mais aussi à les prévenir. Notre pays doit aussi défendre la souveraineté de la production française face à une concurrence accrue. D'autres, comme l'Inde, la Thaïlande et le Brésil, le font déjà pour le sucre depuis la libéralisation des prix en 2017. La recherche d'alternatives aux pesticides doit de son côté être renforcée. Plusieurs insecticides non-néonicotinoïdes pourraient d'ores et déjà représenter, selon les travaux de l'Anses[8], des solutions de remplacement intéressantes. Elles nous éviteraient des drames comme celui de la pollution au chlordécone, auquel sont exposés les travailleurs de la banane aux Antilles.

Il est temps de revenir à une agriculture à taille humaine. Je suis un communiste opposé au productivisme ! C'est dans cet esprit que nous plaidons pour un retour à la régulation des marchés et des volumes, pour toutes les grandes productions, au niveau communautaire.

Moins pressurisés, nos agriculteurs devront à l'avenir être aussi mieux rémunérés. C'était le cas quand l'État fixait lui-même le prix de certains aliments de base. Sur ce modèle, il faut faire sauter le verrou européen pour garantir des prix planchers, seul moyen de sauver nos filières. Et d'assurer le partage équitable de la valeur ajoutée, de la fourche à la fourchette.

Le temps presse. Trois ans seulement après le lancement des États généraux de l'alimentation, les éleveurs de bovins ont perdu 30 % de leurs revenus, pour se contenter bien souvent de moins de 700 euros par mois. Concrètement, la France perd chaque année 2 000 éleveurs de bovins, victimes d'une machine à broyer.

8. Anses : Agence nationale de sécurité sanitaire de l'alimentation, de l'environnement et du travail.

L'économie de marché, dans son obsession des profits, ne laisse aucune chance aux promoteurs d'une agriculture durable. Comment subsister dans un monde où l'animal nourri à l'herbe, dans une exploitation à taille humaine, n'a pas plus de valeur que son lointain cousin, gorgé d'antibiotiques dans un élevage industriel ? La transition agroécologique est incompatible avec la loi de la jungle. Si l'on veut aider nos agriculteurs à privilégier la qualité à la quantité, comme le permet notre modèle français, alors l'État doit passer aux actes. Et non pas se contenter d'un catalogue de bonnes intentions, comme celui porté par la loi EGalim, votée le 2 octobre 2018. Manger sain et à sa faim est un combat, pour notre souveraineté alimentaire comme pour la promotion d'une agriculture durable, respectueuse de l'environnement.

La rénovation des logements, c'est maintenant

Le projet de loi Climat et résilience cache mal le faux nez vert du gouvernement. À la veille du débat en séance à l'Assemblée nationale, de nombreuses marches, à travers tout le pays, ont réclamé un autre texte, à la hauteur du péril qui nous menace. Tous les signaux sont au rouge. Dans un rapport dévoilé le 26 février 2021, le secrétaire général de l'ONU, Antonio Guterres, appelle les pays signataires à redoubler d'efforts pour atteindre les objectifs de l'accord de Paris. Quelques semaines auparavant, le tribunal administratif de Paris a reconnu, pour la première fois, la « carence fautive » de l'État dans la lutte contre le changement climatique. Pour paraphraser la déclaration de Jacques Chirac en 2002, la maison brûle et plus personne n'a le droit de regarder ailleurs. Le 11 décembre 2020, les 27 pays de l'Union européenne ont d'ailleurs décidé de réduire collectivement les émissions de gaz à effet de serre non plus de 40 %, mais de 55 % au moins à l'horizon 2030.

La France s'est-elle mise en ordre de marche ? Le gouvernement se donne-t-il les moyens de rattraper le temps perdu ? Non, il préfère jouer la montre, reporter les échéances, différer les investissements. J'exagère ? Même pas. Les différentes appréciations portées sur le projet de loi Climat et résilience dressent toutes le même constat, accablant. « Le projet de loi n'offre pas suffisamment de vision stratégique de la décarbonation des différents secteurs émetteurs en France », déplore ainsi le Haut Conseil pour le Climat, dans un avis publié le 23 février 2021. Il pointe aussi « des délais manifestement incompatibles avec le rythme attendu de l'action contre le changement climatique et le rattrapage du retard pris par la France dans l'atteinte de ses budgets carbone ». Un exemple parmi d'autres.

Dans les permanences que je tiens chaque semaine dans le Valenciennois, le logement, avec l'emploi, figure au premier rang des préoccupations. Le chemin est long, non seulement pour en obtenir un, mais aussi pour accéder à des conditions de confort acceptables. La précarité énergétique fait des ravages dans notre pays.

Dernièrement, j'ai reçu une jeune femme, mariée et mère d'une petite fille. Son mari travaille dans le ferroviaire, chez Alstom. Ils habitent un logement privé de 60 mètres carrés. Elle est venue me montrer les trous dans la porte de sa maison et les factures d'électricité : 620 euros en deux mois. Avec un loyer de 600 euros par mois. Quand il faisait – 10°C dehors cet hiver, elle poussait les radiateurs à 30°C pour en obtenir 18 dans la maison. L'hiver 2021 a été un enfer. Sa fille de 7 mois a dû supporter deux pulls et trois paires de chaussettes à longueur de journée. Sa mère est en pleurs devant moi. Ce couple travaille, paie ses impôts, mais doit supporter ça, en France, à notre époque !

Je ne le tolère pas et cela me met en rage. Bien sûr, je vais tout faire pour lui trouver un logement, les sortir de là. Et nous allons saisir, avec elle, l'Agence régionale de santé pour dénoncer l'insalubrité de son logement. Le propriétaire devrait être interdit de louer un appartement de ce type. Ian Brossat, maire adjoint en charge du logement à la Ville de Paris, et de nombreux élus communistes dans les villes et les agglomérations ont mis en place les « permis de louer » pour éviter ces situations. Nous l'avons fait nous aussi à Saint-Amand-les-Eaux. Mais comment les collectivités peuvent-elles inspecter ces maisons, poursuivre ces marchands de sommeil ? C'est là qu'il faut des moyens humains et financiers. C'est de l'argent public utile pour forcer ces propriétaires à faire les travaux de rénovation de leur logement, pour lutter contre ces passoires thermiques.

Mes camarades élus dans la métropole lyonnaise m'ont fait part de leurs échanges avec les Verts qui dirigent l'agglomération depuis les dernières élections municipales. Les débats sont vifs concernant l'instauration des zones à faible émission de CO_2. Deux visions s'affrontent pour le même objectif : les écologistes proposent d'interdire la voiture en centre-ville. Les communistes, eux, proposent la gratuité des transports en commun et un plan de rénovation des logements sociaux pour faire baisser la consommation de chauffage. D'un côté, des citoyens, des travailleurs, des entrepreneurs sont pénalisés. De l'autre, les citoyens sont gagnants, notamment en pouvoir d'achat.

En dix ans, le prix de l'électricité a augmenté de 50 % tandis que celui du gaz vient de repartir à la hausse, après une courte pause salvatrice. Ces factures qui s'alourdissent s'ajoutent à d'autres, elles aussi exponentielles comme celle des mutuelles. La rénovation énergétique des bâtiments répond donc à de multiples enjeux, pas seulement écologiques. Elle permet l'accès à la salubrité dans de nombreux cas. Elle est aussi évidemment un puissant outil de lutte contre la précarité énergétique. C'est la raison pour laquelle, lors de la discussion du projet de loi de finances pour 2018, je me suis battu pour faire inscrire 10 millions d'euros pour la rénovation de logements miniers entre Lens et Valenciennes. Une aide à renouveler tous les ans pendant dix ans, conjuguée à celles de la Région, des agglomérations et des bailleurs sociaux. Au total, près d'un milliard d'euros, pour se conformer aux normes de notre temps et se montrer dignes d'une population de mineurs qui a tant donné à notre pays.

L'objectif national, appuyé par de nombreuses études, en particulier celle de France Climat, n'est pas contesté : d'ici à 2050, il faudra rénover 21,5 millions de logements au niveau du label Bâtiment basse consommation. Soit un rythme annuel de 700 000 rénovations, avec pour priorité les quelque 5 millions de passoires thermiques. C'est un effort considérable, évalué à 24 milliards d'euros par an, public et privé inclus. Mais c'est aussi un formidable gisement de centaines de milliers d'emplois non délocalisables.

Or, que fait le gouvernement au moment où tout pousse à accélérer? Il met le pied sur le frein! Il vise 540 000 rénovations par an d'ici à 2030, quand le rythme actuel atteint seulement à peine la moitié. Plus grave, il ne se donne pas les moyens financiers pour atteindre son objectif.

Comment en serait-il autrement avec une loi Climat et résilience qui ne fixe pas d'obligation de rénovation globale des logements pour tous les propriétaires? La filière du bâtiment, par l'intermédiaire du Conseil supérieur de la construction et de l'efficacité énergétique, souligne ainsi le « manque d'ambition générale » et « l'absence de moyens supplémentaires pour organiser la capacité des acteurs à augmenter le rythme et la performance des rénovations au niveau nécessaire ».

Les moyens dégagés par l'État dans le plan de relance, soit 6,7 milliards d'euros sur deux ans, sont loin du compte. D'autant plus que depuis le début du quinquennat, le gouvernement multiplie les économies au détriment du logement social. Chargée de son financement, la mission Cohésion des territoires a ainsi perdu 3 milliards d'euros en trois ans. En 2018, la baisse de l'APL versée aux locataires des HLM a été assortie d'une baisse des loyers équivalente. Résultat, les bailleurs sociaux, privés de recettes conséquentes, ont dû reporter, voire annuler, des centaines de réhabilitations et autant de programmes de construction. Et la réforme du diagnostic de performance énergétique va encore coûter aux HLM entre 8 et 10 milliards d'euros. En clair, l'argent nécessaire n'est pas au rendez-vous. « L'effort public doit être quadruplé pour atteindre un montant d'environ 16 milliards d'euros par an », tranche ainsi le Haut Conseil pour le Climat.

Concrètement, un bailleur social de ma circonscription est passé de 300 logements neufs construits chaque année à 100 en 2020. C'est un premier problème, car nous manquons cruellement de logements sociaux. De plus, si la loi Climat impose à juste titre de ne plus permettre la mise en location des logements correspondant aux critères de performance énergétique F et G, elle ne se donne pas les moyens d'aller plus loin. Tous les logements sociaux devraient, a minima, bénéficier de rénovations visant à atteindre les critères de performance énergétique les plus ambitieux. Mais pour cela, il faut des sous ! Beaucoup de sous ! Mais pas seulement, il faut des hommes et des femmes qualifiés, formés pour ouvrir cet immense chantier.

Il faut s'atteler à la tâche sans tarder. Nous avons besoin de couvreurs, de plaquistes, d'électriciens, d'architectes…

ou encore de développer les filières de matériaux biosourcés pour répondre aux immenses besoins d'un plan de rénovation thermique ambitieux. La formation actuelle, dans les lycées professionnels ou dans les centres pour les adultes, n'est pas assez soutenue ni planifiée. On ne va pas assez loin, ni assez vite. Les professions concernées ne sont pas assez valorisées, tandis que la commande publique ne joue pas suffisamment son rôle de levier.

Au lieu d'affaiblir les bailleurs sociaux, donnons-leur les moyens de construire et de rénover l'existant. Créons une taxe sur les plus-values de cession au profit de l'Agence nationale de l'habitat. Élargissons le champ des aides de l'État pour les propriétaires individuels, dont les principaux bénéficiaires sont les travailleurs payés au Smic. Les propriétaires sont peu nombreux dans cette catégorie-là, hélas. Mais même quand on touche 3000 euros par mois, que l'on doit rembourser des traites, payer les études des enfants, on n'a pas forcément 50000 ou 80000 euros à investir dans des travaux de rénovation. Il faut pouvoir les soutenir beaucoup plus qu'actuellement. Des aides existent, mais elles sont complexes et toujours pas à la hauteur de la situation. L'investissement est lourd, mais il est bon pour la planète, pour l'emploi et pour l'activité des entreprises. Tout le monde est gagnant.

L'énergie en commun

Quelle énergie pour demain ? La question traverse toute la société, secouée par une crise climatique synonyme de remise en cause de nos modes de consommation. À gauche, le débat est intense et même source de fractures. Je veux donc être très clair sur le sujet. Je partage l'objectif de ne plus utiliser d'énergies fossiles à l'horizon 2050. Mais pour l'atteindre, il faut se donner les moyens de produire une électricité décarbonée en quantité suffisante. Je ne fais pas partie de ceux qui parient sur une moindre consommation dans les années à venir. Si l'on veut ouvrir des usines en France, comme c'est notre objectif, il faudra leur fournir de l'électricité. Même constat avec la lutte contre la précarité énergétique : 3 millions de personnes sont actuellement contraintes de se priver de chauffage parce qu'elles n'ont pas les moyens de le payer. Or elles ont le droit, comme les autres, d'être approvisionnées. Il faudra aussi de l'électricité pour les voitures du futur, pour assurer le développement du numérique… Soyons clairs, la rénovation énergétique des bâtiments va permettre aux ménages de réduire leur facture énergétique, mais cela ne va pas peser suffisamment dans la demande globale d'énergie, qui va continuer à augmenter si nous lançons un vaste plan de réindustrialisation de la France. Dès lors, la question posée n'est pas encore celle de la décroissance, mais plutôt celle du transfert des énergies fossiles vers une production décarbonée et pilotable.

Cette transition repose sur deux leviers. Le premier est le maintien et la sécurisation de notre production nucléaire, reconnue pour ses faibles émissions de gaz à effet de serre. Elle présente également l'avantage décisif, comme l'hydraulique, d'être « pilotable ». Autrement dit, elle permet de moduler la fourniture de l'électricité en fonction des besoins, par exemple en cas d'aléas météorologiques. Plus généralement, le système électrique français assure une production suffisante pour couvrir nos besoins et garantit une électricité parmi les moins chères d'Europe. À condition bien sûr que nos centrales nucléaires et nos grands barrages hydrauliques restent dans le giron public.

Beaucoup d'avantages, donc, mais aussi de légitimes réserves, en particulier sur le devenir des déchets. Je ne les ignore pas. C'est pourquoi la décision, prise par le président de la République, d'abandonner le programme Astrid[9], qui ouvrait pourtant de très prometteuses voies pour la réutilisation des déchets nucléaires, est incompréhensible. Il faudra le relancer. J'ai d'ailleurs pu mesurer le désarroi des chercheurs lors d'une visite au centre de recherche du Commissariat à l'énergie atomique de Grenoble. Tant que l'on n'aura pas les moyens de sortir du nucléaire, et pour tenir l'objectif d'une empreinte carbone nulle en 2050, il est impératif de soutenir et développer de tels projets ainsi que la recherche dans les nouvelles technologies nucléaires (petits réacteurs modulaires, réacteurs à sels fondus au thorium…).

9. Astrid est un projet de réacteur nucléaire visant à réduire l'utilisation d'uranium et la quantité de déchets nucléaires.

Il est tout aussi important d'assurer un développement soutenu des énergies renouvelables, dont 80 % sont assurées par nos barrages hydroélectriques. C'est le deuxième pilier. On parle beaucoup de l'énergie solaire et des éoliennes. Mais à l'inverse du nucléaire et de l'hydroélectrique, ces deux modes de production ne sont pas pilotables. Ce qui signifie qu'en l'absence de vent ou de soleil, l'électricité n'est pas fournie en quantité suffisante. Cette forme d'énergie n'est pas « stockable », ce qui peut entraîner des conséquences dramatiques et des risques de black-out. Voilà pourquoi je défends le mix énergétique à la française, dans lequel le nucléaire garde une place importante aux côtés des énergies renouvelables. La perspective d'un mix énergétique à 50 % en 2035 reste un but, mais elle doit s'accompagner de recherches sur de nouveaux modes de production, notamment par les énergies marines, et de stockage de l'hydrogène.

L'indispensable maîtrise publique

Il nous faut absolument consolider ces piliers dans le cadre d'une maîtrise publique. Pourquoi ? D'abord pour des questions de sécurité. Quelle que soit la production d'énergie, elle ne peut pas être dans les mains d'entreprises privées, dont la seule logique est de gagner de l'argent, parfois au détriment de la sécurité. Pour une question de souveraineté ensuite. Nous devons garder la main sur la production d'électricité dans notre pays, pour en garantir l'accès à tous, au prix le moins élevé possible. Aujourd'hui, nos centrales nucléaires, tout comme les barrages hydroélectriques, sont payées, « rentabilisées ». Ce patrimoine appartient aux Français, qui l'ont financé par leurs impôts. C'est pourquoi je m'oppose fermement, avec les communistes, au projet du gouvernement de vendre nos barrages à des opérateurs privés. Je n'accepte pas l'idée que des investisseurs puissent ainsi produire de l'électricité avec nos outils, pour nous la revendre ensuite à des prix exorbitants. Les logiques marchandes, ça suffit !

Un exemple ? Nous pourrions dire oui aux panneaux solaires si, au minimum, nous les produisions en France. Car si nous devons, à l'avenir, importer des panneaux solaires du bout du monde, quel est l'intérêt pour notre bilan carbone ? Nous avons besoin d'une filière française publique de production d'énergies renouvelables et de développer la formation également.

De la même manière, la production d'énergies renouvelables doit s'inscrire dans un grand service public unifié de l'énergie et non pas livré au privé, comme le prévoit le scandaleux projet Hercule, contre lequel nous ferraillons sans relâche, avec mes camarades Sébastien Jumel à l'Assemblée nationale et Fabien Gay au Sénat. Les énergéticiens, avec leurs syndicats, et en premier lieu la CGT, ont réussi au prix d'une belle campagne à obtenir un peu de transparence sur les desseins du gouvernement. Ce projet, mis en place avec la grande complicité de Bruxelles, vise à faire exploser le groupe EDF, à faire exploser Engie et toutes ses filiales, à ouvrir à la concurrence l'exploitation des barrages hydroélectriques et à vendre au privé la production d'énergies renouvelables. Le gouvernement a reculé sur la forme, mais sur le fond le projet reste le même. L'enjeu est énorme. C'est la fin du groupe public. Le ministre puis président Sarkozy avait ouvert la voie à la privatisation, le président Macron termine le travail. Entre ces deux périodes, le prix de l'électricité a augmenté de 50 %, au nom des règles de la concurrence de l'Union européenne. Pourtant, grâce à nos centrales nucléaires et nos barrages hydroélectriques, largement financés par nos impôts depuis cinquante ans, nous avons la possibilité de fournir une électricité totalement décarbonée et peu chère.

Peu de monde le sait, mais les barrages hydroélectriques représentent 80 % des énergies renouvelables, bien loin devant l'éolien et le photovoltaïque. C'est donc surtout là-dessus qu'il faut s'appuyer pour notre mix énergétique. C'est aussi un enjeu environnemental important : je suis allé dans la vallée d'Ossau pour voir les barrages gérés par une société publique, historique, la Shem, filiale d'Engie. C'est un travail titanesque de cent ans qui a permis d'ériger ces barrages au cœur des Pyrénées. Des familles entières y ont travaillé. Une relation forte s'est nouée entre le gestionnaire public de ces barrages, les élus et les associations pour promouvoir une gestion de l'eau la plus respectueuse des besoins de la vallée : une organisation qui préserve l'activité pastorale, garantit la qualité des cours d'eau et assure le maintien de la faune et de la flore. L'expérience acquise au fil des ans est importante, tout comme les savoir-faire des salariés, techniciens comme ingénieurs. Des jeunes y sont formés tous les ans en alternance. Qu'en sera-t-il demain si l'actionnaire privé, Total ou BlackRock, n'a comme exigence que la rentabilité ? Ces actionnaires n'auront que faire des emplois, des savoir-faire, de la formation de jeunes salariés ou de la biodiversité dans la vallée. Ils vendront l'électricité issue de ces barrages quand le prix sera au plus haut. Qui nous dit qu'ils n'organiseront pas eux-mêmes la pénurie pour faire monter les prix, comme aux États-Unis ?

Ces barrages, en France, peuvent produire encore plus d'électricité grâce à des investissements importants. Mais il faut pouvoir se projeter sur vingt ou trente ans. C'est donc à l'État de le prévoir, de l'organiser, et non pas aux actionnaires privés qui ont des impératifs de rentabilité à court terme. Ne faisons pas comme avec nos autoroutes : gardons précieusement ces barrages comme des infrastructures stratégiques pour répondre aux besoins de la nation.

Ne pas dépendre des autres pays en matière d'énergie devrait être une règle d'or. Elle est pourtant battue en brèche depuis des années, sacrifiée sur l'autel du libéralisme. Avec Alstom, nous avons acquis une position enviable de leader mondial. L'entreprise fabrique des générateurs et des turbines à gaz pour les centrales nucléaires et hydroélectriques. Hélas, en 2014, ces précieux savoir-faire sont passés dans les mains du concurrent américain General Electric, au terme d'une sulfureuse acquisition, approuvée des deux mains par un ministre de l'Économie dénommé Emmanuel Macron. Au lieu de créer les 1 000 emplois promis et de conserver les activités sur place, le repreneur s'est empressé de multiplier les plans sociaux et de rapatrier outre-Atlantique les brevets et les productions.

Pour le dire de manière triviale : la France est en train de se faire déshabiller. L'usine de Villeurbanne est la seule au monde à fabriquer des générateurs électriques pour centrales nucléaires. Or ces compétences uniques risquent de partir à l'étranger, sous la pression de logiques purement financières. Le gouvernement a fait le choix de laisser le marché tout réguler, y compris les secteurs les plus stratégiques de notre économie. Je conteste cette vision. Nous, nous voulons assurer l'indépendance et la maîtrise énergétique de notre pays par une intervention active de l'État. À droite comme à gauche, des parlementaires défendent cette souveraineté énergétique. Je serai toujours ouvert à l'union la plus large sur ce sujet.

Jamais le général de Gaulle, qui a décidé, sous l'impulsion du ministre communiste de la Production industrielle Marcel Paul, la nationalisation du gaz et de l'électricité en 1946, n'aurait accepté les renoncements en cours. Aujourd'hui encore, nous partageons ces combats avec des députés gaullistes, comme Olivier Marleix. Nous pouvons nous rejoindre sur le terrain de la défense des intérêts stratégiques. Car ce sont des biens de la nation qui sont aujourd'hui bradés par l'actuelle majorité. Ce qui s'est passé avec Alstom est un scandale d'État. Nous devons mettre un coup d'arrêt à ces manœuvres et reprendre la main sur la production d'électricité dans notre pays.

Cela ne signifie pas une nationalisation totale. Garder une maîtrise publique, c'est réserver à l'État un droit de regard, par le biais d'une participation au capital d'un niveau suffisant pour définir et planifier la stratégie. C'est également donner des pouvoirs de contrôle aux salariés et à leurs représentants. Ce sont eux qui peuvent nous alerter quand des machines sont vendues à la découpe ou quand des savoir-faire sont menacés de disparition, comme chez Grid Solutions à Villeurbanne. Cette idée pour moi est essentielle, en particulier dans le domaine industriel. Je souhaite voir émerger des systèmes de cogestion dans ces entreprises stratégiques, entre des actionnaires privés, l'État et les salariés. Une cogestion démocratique, citoyenne, ancrée dans le XXIe siècle, voilà un nouveau projet révolutionnaire ! Pourquoi ne serait-il pas possible de travailler ensemble, au lieu de s'affronter en permanence, pour produire des biens communs ?

J'en suis convaincu, la réindustrialisation de la France est non seulement indispensable pour notre économie, pour nos emplois et pour notre souveraineté, mais elle est également bonne pour l'environnement. Mieux vaut produire chez nous des pneus ou des bouteilles, comme chez Bridgestone ou Verallia, plutôt que de les importer par camions de l'autre bout de la planète. À condition bien sûr de produire ces biens de manière « propre », c'est-à-dire avec des conditions de travail dignes et dans le respect des normes environnementales les plus élevées.

La reconquête de notre sidérurgie en est un exemple éclairant. Jadis fierté nationale, elle est aujourd'hui largement passée entre les mains de grands groupes privés, comme ArcelorMittal. Résultat, les déchets de fer produits en surcapacité partent à l'étranger, sans que nous en ayons la maîtrise. Nous proposons, nous communistes, que ces déchets soient recyclés pour produire de l'acier avec des déchets d'acier. Cette sidérurgie en court circuit impose d'importants investissements et une fourniture accrue d'électricité. Mais si elle est produite par un barrage hydroélectrique ou par une centrale nucléaire, alors l'opération devient bénéfique pour le climat autant qu'elle nous redonne de l'autonomie.

C'est ce que nous avons fait avec l'aciérie Ascoval de Saint-Saulve dans le Valenciennois, sauvée plusieurs fois de la faillite grâce au combat exemplaire des salariés et de leur directeur. Cela fait plus de six ans maintenant que je suis à leurs côtés. Six ans d'angoisse, de lutte, de faux espoirs. Cette aciérie appartenait à l'origine au groupe Vallourec, né dans ma région voici plus d'un siècle. En 2016, tous les parlementaires concernés par un site Vallourec sont conviés à Bercy, pour une réunion organisée par le ministre de l'Économie, Emmanuel Macron. Je ne suis pas encore député, mais Alain Bocquet m'a demandé de le représenter. Jamais je n'oublierai cette rencontre, symbole édifiant de ce nouveau capitalisme qui vient chercher dans les entrailles de l'État l'argent public et le soutien nécessaires pour financer ses projets de délocalisation. Après une très courte introduction, le ministre cède immédiatement la parole au PDG, Patrick Crouzet, assis à ses côtés. Face à ces deux hommes complices, nous, les élus, écoutons le dirigeant annoncer la fermeture des laminoirs de Saint-Saulve, de Déville-lès-Rouen et, en même temps, de colossaux investissements en Chine et au Brésil. Bien sûr, tout cela est mis en place avec un concours financier de l'État de plusieurs centaines de millions d'euros. Je suis soufflé. Non seulement l'État, représenté par le ministre de l'Économie, ne proteste pas contre ces choix mortels pour notre industrie, ne tente ni de les interdire ni même de les réorienter, mais en plus, il les finance. À mes yeux, le jeune ministre qui nous fait face est un fossoyeur. Il incarne la démission, le renoncement, le défaitisme. L'horreur totale. Je suis le seul, ce jour-là, à dénoncer cette délocalisation de nos activités. Patrick Crouzet m'interdit d'utiliser ce mot lors de la rencontre. La réalité est pourtant là et il faut avertir les salariés. Des mois et des années de lutte ont suivi. Nous n'avons pas tout gagné. Je pense notamment aux salariés de Seine-Maritime qui, après avoir perdu le laminoir, voient leur site aujourd'hui menacé de fermeture, comme nous l'avions prédit.

Dans le Nord, après plusieurs péripéties, promesses tenues puis trahies, notamment par le ministre devenu président, l'aciérie a été sauvée. Les salariés ont mené une lutte exemplaire de courage et de pugnacité, en faisant la démonstration que leurs savoir-faire, leur outil de travail, répondent à un besoin non seulement industriel mais aussi écologique. Dans cette aciérie électrique, ils développent le concept d'économie circulaire en recyclant les déchets d'acier que nous produisons en quantité en France. Les aciéries électriques, dans la sidérurgie, offrent le procédé de production le moins émetteur de CO_2 et répondent ainsi aux objectifs environnementaux actuels.

L'usine de Saint-Saulve emploie maintenant 300 salariés. C'est l'une des plus modernes d'Europe. Elle produit de l'acier à partir de déchets ferreux par fusion électrique, sans utiliser de charbon. Grâce à une coulée révolutionnaire, des barres d'acier de différents formats, rond, carré ou rectangulaire, sont produites sur le site. Une première mondiale qui permet à l'entreprise de se positionner sur d'autres secteurs que celui du pétrole ou du gaz, comme l'automobile, la construction, la mécanique, l'hydraulique et le rail. Il faut nourrir la même ambition pour la production de fonte plutôt que de la laisser partir en Pologne, en Hongrie, où elle sera fabriquée à partir d'électricité provenant de centrales à charbon. C'est ce modèle vertueux de l'industrie que je souhaite promouvoir, en accord avec une économie au service de l'humain et de la planète.

Un bémol dans cette histoire : dans le plan de sauvetage de cette usine, je découvre un jour, en discutant avec un repreneur potentiel, que l'État et la Région lui proposent de participer au plan de reprise en lui prêtant plusieurs dizaines de millions d'euros… à un taux de 12 %. Oui, vous avez bien lu, à 12 % ! Quand je découvre cela, j'alerte tout de suite le ministre de l'Économie et des Finances. Le croisant à l'Assemblée, je lui demande : « Savez-vous que vous prêtez de l'argent aux patrons à 12 % ? Vous ne croyez pas que vous êtes un peu usurier ? » Il ne m'a pas cru dans un premier temps. Il m'a fallu déposer un rapport parlementaire sur le sujet pour en faire la preuve.

Ces prêts courent toujours. Pour Arcelor mais aussi pour Arc International et pour tant d'autres entreprises. C'est honteux. Voilà pourquoi je m'amuse à dire que nous, les communistes, sommes aussi les meilleurs alliés des patrons dans la réindustrialisation du pays. Car nous proposons de prêter à 0 % aux entreprises pour qu'elles puissent investir, former, embaucher, ouvrir des lignes de production plutôt que de payer des intérêts à des taux usuriers. Ces coûts financiers représentent parfois des dizaines de millions d'euros, comme nous l'avons vu avec Verallia. C'est cela qui coûte cher aux entreprises, et non les cotisations sociales qui, elles, financent la Sécu. Il faut assécher cette financiarisation de l'économie. Avec une banque publique et de la volonté politique, c'est possible !

Se déplacer sans polluer

Voici une vingtaine d'années, les communistes furent les premiers à demander la gratuité dans les transports en commun. À l'époque, nous étions d'ailleurs les seuls. Je me souviens de débats enflammés à la communauté urbaine de Lille. L'élu écologiste en charge des transports était contre. Avec les socialistes, les Verts trouvaient l'idée démagogique, trop onéreuse. Aujourd'hui, je suis heureux de voir que beaucoup de métropoles ou de communes nous ont rejoints. À commencer par l'agglomération de Dunkerque, où le dispositif mis en place par le maire, Patrice Vergriete, est un très bon exemple de ce que l'on peut faire. Le coût financier pour les collectivités est important, mais le bénéfice pour le climat, contre la pollution et pour le pouvoir d'achat est tel que le bilan est largement positif.

Des investissements comme celui-là ne sont pas seulement nécessaires, ils sont urgents. Or que fait le gouvernement en matière de transports publics ? Il ferme des lignes de chemin de fer, supprime des gares, privatise la SNCF, désorganise le réseau des TER et jette sur la route des milliers de « cars Macron » ! Inciter des jeunes à opter pour la route pour des raisons purement économiques, alors qu'ils militent sincèrement pour le climat, me révolte. C'est l'inverse qu'il faut faire, c'est-à-dire leur permettre de prendre le TGV vers Paris pour 10 euros ! Voilà ma logique. C'est la raison pour laquelle je me battrai pour que les TER restent dans la sphère publique et que leurs tarifs soient les moins élevés possible, voire gratuits. Si l'on veut soulager nos réseaux routiers sursaturés, alors ces trains doivent être pris d'assaut ! C'est un choix de société. Comme pour le transport de nos marchandises : dans ce domaine, nous avons pris trente ans de retard. Tout a été déconstruit, froidement, méthodiquement. Les wagons isolés, que pouvaient louer les entreprises, n'existent plus. Des lignes de chemin de fer sont vendues au privé, tandis que la SNCF investit dans la route avec Geodis. On marche sur la tête.

Au début des années 1970, le rail transportait 40 % des marchandises et encore 30 % au milieu des années 1980. Cette part est aujourd'hui tombée à… 9 %. Elle est de 34 % en Suisse, de 32 % en Autriche et de 18 % en Allemagne. Certes, la SNCF capte encore un peu plus de la moitié du secteur grâce à ses filiales, mais elle doit faire face, depuis l'ouverture du réseau à la concurrence en 2006, à une vingtaine d'entreprises privées. Le grand gagnant d'un tel déclin ? La route, bien sûr, qui capte 90 % du marché au prix d'une empreinte environnementale élevée, pas seulement au regard des émissions de gaz à effet de serre ou de particules fines. Grâce à un large recours à une électricité décarbonée, le rail émet huit fois moins de particules fines que la route et neuf fois moins de CO_2 par tonne/kilomètre.

L'objectif de doubler la part du rail dans le transport de marchandises d'ici à 2030, fixé par la Loi d'orientation des mobilités, est une belle intention. Mais où sont les moyens ? Où sont les offres commerciales susceptibles de concurrencer réellement la route ? La renaissance du fret suppose aussi des aménagements colossaux, source d'emplois, avec l'aménagement de plateformes multimodales, l'adaptation du réseau ou encore le contournement des métropoles.

Le plan remis au gouvernement par l'association 4F le 25 juin 2020 évalue l'investissement dans l'infrastructure à 13 milliards d'euros. Or, les fonds alloués jusqu'à présent sont très en dessous des attentes. Sur les 4,7 milliards d'euros prévus pour le rail dans le plan de relance, seulement 200 millions sont pour l'instant spécifiquement affectés. Là encore, le gouvernement prend son temps quand il faudrait décider tout de suite d'un plan massif.

Symbole de cet attentisme, le sort intolérable réservé au train des primeurs Perpignan-Rungis. C'est quand même incroyable de devoir se battre comme je l'ai fait, aux côtés de la CGT et avec d'autres élus communistes du Sud, du

Val-de-Marne, d'Île-de-France, pour sauver ce convoi historique. Je suis allé sur place voir les investissements publics énormes réalisés par le conseil départemental et le conseil régional pour moderniser la gare de fret. La gare est là… mais pas le train ! Cela me révolte, car l'arrêt d'un tel train serait synonyme de 30 000 camions supplémentaires sur nos routes. Non seulement cette ligne stratégique doit être maintenue, et nous veillerons à ce que l'État respecte sa parole, mais des transversales doivent ouvrir rapidement. C'est une question de protection écologique, mais aussi de performance économique.

Je ne souhaite pas opposer la route et le rail comme deux ennemis irréductibles. Tous deux sont engagés dans la même bataille, celle de la lutte contre la pollution et le réchauffement climatique. Le développement de la voiture électrique est porteur de belles promesses. Mais dans ce domaine-là aussi, ne tombons pas dans les excès. Pendant des années, beaucoup d'efforts ont été faits pour améliorer la qualité des moteurs thermiques, y compris les diesels. Les plus récents, sans être totalement propres (aucun ne l'est vraiment) ont considérablement réduit leurs émissions de CO_2. La décision de les interdire d'ici 2040, en France comme en Europe, et donc de faire une croix sur la recherche, est à mes yeux une erreur.

Ne mettons pas tous nos œufs dans le même panier et continuons à développer les propulsions thermiques à côté de l'électrique. Passer au tout électrique, pour l'automobile, pose aussi des problèmes écologiques et humains. S'il faut exploiter des terres rares, en Afrique, en Amérique du Sud ou au Chili, prélever des métaux précieux et utiliser de la main-d'œuvre dans des conditions misérables, alors ce n'est plus un modèle vertueux.

Il existe d'autres pistes qui doivent être exploitées avec la même ardeur. Je pense à la technique hybride, bien sûr, mais aussi à l'hydrogène. Je me souviens des premiers travaux menés à Dunkerque, avant que l'usine Total ferme ses portes. Comme pour le programme Astrid, les recherches sont très prometteuses, mais elles requièrent de lourds investissements, soutenus par une volonté politique sans faille. L'hydrogène représente une alternative crédible pour l'automobile, avec l'adaptation des piles combustibles. Une flotte de taxis circule déjà à Paris avec cette technologie. C'est une piste intéressante pour l'avenir, à une réserve près : que l'énergie qui sert à produire ces piles soit elle-même décarbonée. Sinon, cela ne sert à rien. Mais au-delà des différentes options techniques, il nous faut surtout repenser notre rapport à la voiture. Lors de ma rencontre au centre de recherche du Commissariat à l'énergie atomique de Grenoble, l'un des chercheurs attachés au projet hydrogène m'a ainsi confié que « la seule façon de lutter vraiment efficacement contre la pollution automobile, c'est de partager la voiture le plus souvent possible ». Au volant comme dans les marches pour le climat, l'avenir de la planète s'écrit en commun.

6

Redonner confiance à la jeunesse

Avoir 20 ans en état de stress

J'ai cinq enfants dans ma vie. J'emploie souvent cette expression pour décrire mon quotidien, celui d'un père au sein d'une famille recomposée. Cela ne me donne pas le droit de parler de toute la jeunesse à travers elle, ce serait trop réducteur. Mais disons que j'ai une petite idée de ce par quoi passent les parents.

Ils ont tous les cinq vécu cette pandémie dans leur appartement d'étudiant ou de jeune travailleur ou travailleuse. Et ils ont souffert, comme tous les jeunes de notre pays. Bien sûr, quel que soit le gouvernement, la jeunesse n'aurait pas été épargnée par cette pandémie. Les mesures de confinement et de couvre-feu étaient incontournables. Nous aussi, si nous avions dirigé le pays durant cette période, nous aurions pris des mesures visant à empêcher la circulation du virus. Mais je regrette qu'aussi peu de considération ait été accordée à nos enfants. Certes, les écoles sont restées ouvertes le plus longtemps possible. Mais les étudiants, eux, ont payé un lourd tribut : obligation pour beaucoup de rester en colocation à proximité de leur école, alors qu'ils avaient la possibilité de rentrer chez eux pour suivre les cours à distance, pas de cours en présentiel dans certaines facultés durant toute l'année scolaire 2020-2021, concours et examens maintenus malgré la troisième vague, absence d'accompagnement financier, hormis les repas à 1 euro et les quelques centaines d'euros distribuées très parcimonieusement… Bref, la débrouille érigée en système de gestion. Sans parler de toutes ces fractures qui isolent, qui stigmatisent : fracture numérique, fracture sociale, fracture territoriale. Les inégalités se creusent. Aujourd'hui, une grande partie de la jeunesse est sous antidépresseurs. Et elle risque de garder de profondes séquelles de la pandémie.

Ma fille, avec son bac en poche et après deux années à se chercher et à galérer, a brillamment décroché un diplôme d'hôtesse de l'air. Elle a commencé à voler, a touché ses premières fiches de paie, pris un logement… pour se retrouver clouée au sol, en même temps que les avions, par la pandémie. Salariée en CDD, son contrat n'a pas été renouvelé. Elle a perçu le chômage mais elle s'est vite retrouvée en fin de droits. Et pourtant, la réforme de l'assurance chômage n'est pas encore passée par là ! Son rêve, c'est de pouvoir voler à nouveau et elle s'y accroche avec force. En attendant, elle garde des enfants et enchaîne les petits boulots.

Charles, lui, a 20 ans. C'est le fils de ma compagne, Dorothée. Il est en fac. Il vient de passer une année entière d'études à distance. Il n'en peut plus. Vingt ans, n'est-ce pas le plus bel âge de la vie ? Celui de tous les possibles, des rêves que l'on projette vers un avenir plein d'enthousiasme ? Charles, pourtant, ne souhaitait pas célébrer l'événement, en tout début d'année. Pourquoi un tel refus de la part d'un garçon si sociable et alors qu'aucune restriction ne l'interdisait à l'époque ? « Parce que ça me saoule de vieillir, m'a-t-il répondu. Parce que je vois se rapprocher le moment où je vais devoir trouver un logement, un travail, entrer dans la vie des adultes… Et ça ne me fait pas envie. » Il a finalement changé d'avis et fêté son anniversaire. Mais son appréhension à l'égard du monde qui l'attend, elle, est restée. Elle est légitime.

Avant même les ravages de la crise sanitaire, le taux de pauvreté dans la jeunesse était non seulement élevé mais en progression constante. Il est ainsi passé chez les 18-29 ans de 8 % au début des années 2000, à 12 % en 2018, avant d'atteindre les 20 % aujourd'hui. Un jeune sur six a arrêté ses études à cause de la pandémie. Un million de jeunes se trouvent actuellement sans école, sans formation, sans emploi, sans solution. Effrayant constat qui a conduit Marie-George Buffet à présider une commission d'enquête pour évaluer les conséquences d'un tel séisme.

Elles sont terribles, notamment en raison d'un manque d'accompagnement psychologique. Beaucoup d'étudiants sont désormais obligés de recourir aux associations humanitaires pour se nourrir, mais aussi pour se laver, pour s'entretenir, en un mot pour survivre.

En 2009, le Secours populaire français a ouvert pour la première fois une antenne sur un campus universitaire, à Lille 1. La distribution de colis dans un tel endroit a suscité à l'époque de fiévreux débats. Comment avait-on pu en arriver là ? Aujourd'hui, tous les Crous[10] de France accueillent des structures similaires. Cela en dit long sur une nation qui laisse ainsi une partie de sa jeunesse quémander de la nourriture pendant qu'elle étudie. Cela signifie tout simplement que la jeunesse n'est pas une priorité pour ce gouvernement. Les bourses qu'il accorde ne sont pas suffisantes et leur accès est trop restreint. Seulement 38 % des étudiants en bénéficient. C'est un choix délibéré, qui ouvre grand les portes de l'inégalité sociale.

Le logement étudiant symbolise l'état de délabrement dans lequel notre modèle universitaire se débat. Je me souviens de visites de résidences accablantes, comme à Villeneuve-d'Ascq, près de Lille, ponctuées de rencontres inopinées avec des colonies de cafards et de punaises de lit, à leur aise entre les fenêtres pourries, les moisissures et les radiateurs hors d'usage. Lorsqu'il faut composer en plus avec des amphis surchargés, des enseignants absents et non remplacés ou des examens reportés, le découragement s'installe fatalement. Comme si tout était fait pour détourner les jeunes de l'université publique. Le gouvernement a même ajouté une perfidie à l'édifice avec Parcoursup, la plateforme d'inscription en première année, synonyme de

10. Crous : centres régionaux des œuvres universitaires et scolaires.

tant d'incertitudes pour nos futurs bacheliers. Tout cela m'est insupportable.

Que des étudiants fassent le choix de travailler pour avoir un complément, cela ne me choque pas. Mais aujourd'hui la plupart sont contraints d'accepter des petits boulots, harassants et mal payés, pour assurer les dépenses de base. Beaucoup n'ont pas le minimum pour vivre, sans pour autant pouvoir prétendre à une bourse, accordée en fonction du revenu des parents. Le plafond est vite atteint, dès les classes moyennes. Or les études, ce n'est un secret pour personne, coûtent de plus en cher. Nous, parents, sommes obligés d'emprunter ou d'épargner, parfois toute la vie, pour pouvoir payer les cursus de nos enfants. Pire, à mesure de la dégradation de l'école publique, du collège à l'université, ils sont de plus en plus nombreux à se tourner vers le privé. L'école devient alors un « produit » hors de prix. Le dédoublement de quelques classes dans certaines écoles primaires ne dissimule pas la forêt de renoncements ailleurs. L'ambition d'une école gratuite et accessible pour tous, commune à toutes les catégories sociales, s'éloigne progressivement de notre idéal républicain… Je ne peux m'y résoudre.

Mon pacte pour la jeunesse

C'est la raison pour laquelle je veux passer un pacte avec la jeunesse et lui donner la priorité dans notre campagne. Avoir la jeunesse la mieux formée au monde, lui donner la liberté de travailler et de vivre heureuse, de s'émanciper au travail, d'élever des enfants. N'est-ce pas là le plus beau des projets que nous avons à bâtir ensemble, en y mettant tous les moyens? Dans ce monde court-termiste, c'est révolutionnaire. Mais j'assume!

L'idée de ce pacte est de permettre aux jeunes qui le souhaitent d'en être les acteurs, les signataires mais aussi les garants. Nous voulons mettre en débat dans ces élections, présidentielle et législatives, une ambition et une série de propositions avec l'objectif que le plus grand nombre de jeunes s'en emparent. Dans ces réunions, ouvertes à toutes et tous, dans toute la France, pendant toute la campagne, nous invitons les jeunes à débattre, proposer, écrire ce qu'ils attendent de leur pays, ce qu'ils veulent voir changer et comment ils entendent participer. Ce qui est surtout révolutionnaire, c'est de faire avec eux et non de leur dire ce qui est bon pour eux. Chaque candidat fera ses propositions. Nous, nous voulons les écrire avec des milliers de mains. « Il faut bien que jeunesse se passe », assure le proverbe. Eh bien nous, nous en préférons un autre : « il faut que jeunesse se fasse », comme le dit Léon Desfontaines, secrétaire national du Mouvement des jeunes communistes de France. L'objectif de ce pacte, c'est de tendre le stylo à la jeunesse d'aujourd'hui et de lui donner ensuite les rênes pour construire ensemble la société dans laquelle nous voulons vivre. Voilà pour ma part les propositions que je mets en débat.

Je veux d'abord garantir à chaque enfant l'accès à une école gratuite de qualité, dans les villages ou les banlieues comme dans les grandes villes, de la maternelle au lycée. Cela passe par des classes en nombre suffisant, dans lesquelles pas plus de 15 à 20 élèves étudient. Nous voulons ainsi embaucher 90 000 enseignants. Construisons des écoles, des collèges, des lycées à taille humaine. En cinq ans, nous proposons de passer le budget de l'Éducation nationale de 55 à 80 milliards d'euros, en investissant tous les ans 5 milliards de plus. C'est un immense effort collectif que nous devons produire pour redonner tout son éclat à l'école de la République.

Cette école, il faut la transformer pour qu'elle ne laisse plus aucun enfant sur le bord du chemin. La sélection permanente que subissent nos enfants et nos jeunes est insupportable : de la primaire à Parcoursup, ils sont classés, triés… L'école les contraint, au lieu de les libérer. Au contraire, il est possible de donner au système scolaire les moyens de les faire toutes et tous réussir, ensemble.

Depuis le début des années 2000, nos enfants passent de moins en moins de temps à l'école. Entre la suppression d'une demi-journée de classe en primaire et le fait que les tout-petits n'ont presque plus accès à l'école maternelle, c'est l'équivalent de deux ans de scolarité en moins pour nos enfants. Sans parler des profs absents qui ne sont pas remplacés, des interruptions scolaires dues à la pandémie… Comment peut-on apprendre dans ces conditions ? Pour donner à tous les jeunes les moyens de s'approprier des savoirs complexes, il faut du temps. C'est pourquoi je propose d'augmenter le temps passé à l'école : 32 heures par semaine pour toutes et tous, du CP au bac. On nous dira que c'est trop, qu'il y a certains enfants qui ne sont pas faits pour l'école… Eh bien changeons le système scolaire pour qu'il soit fait pour eux. Dans ces 32 heures, faisons plus d'éducation physique et artistique, plus d'enseignement technologique. Profitons-en pour varier les manières d'apprendre, et pour faire à l'école tout ce qui est nécessaire à la réussite scolaire. Plus de temps à l'école, c'est aussi une manière de libérer du temps à la maison : le temps en famille ne doit plus être passé à refaire la classe, à se disputer au sujet des devoirs… on a bien autre chose à faire ensemble, avec ses parents, ses amis, quand on se retrouve après l'école et le travail.

Nos lycées professionnels méritent mieux que les coupes claires infligées rentrée après rentrée. Nous avons tant besoin de ces établissements où l'on conjugue si utilement la théorie avec la pratique. Ne laissons plus de magnifiques savoir-faire se perdre, dans le refus de financer des formations dévalorisées et mal présentées. Les fermetures de classes dans ces lycées pèsent lourdement sur notre économie et sur l'emploi.

Les entreprises du bâtiment peinent à recruter des électriciens, des chaudronniers, des couvreurs, des plaquistes… Autant de métiers pourtant indispensables si l'on veut rénover 700 000 logements par an pendant deux ou trois décennies. Les industries automobile, aéronautique, ferroviaire, la sidérurgie, la chimie, toutes ces filières ont besoin d'ouvriers spécialisés mais aussi d'ingénieurs, de chercheurs, de cadres. Ces métiers sont malheureusement aujourd'hui de plus en plus délocalisés, alors que nous pourrions offrir tous ces débouchés à une génération qui n'attend que ça :

vivre et travailler ici. Les services publics dans leur ensemble – santé, école, petite enfance, dépendance des personnes âgées, sécurité – et tous ceux de nos communes ont besoin de ces générations qui veulent servir le pays, aider, accompagner, s'engager au service des autres, au nom de l'intérêt général. De même, les centaines de milliers d'emplois verts à créer pour la transition écologique sont autant de débouchés pour toutes celles et ceux qui veulent vivre dans un pays qui respecte les ressources naturelles, la biodiversité et protège le climat.

Nous aurons besoin de cette génération qui veut révolutionner nos modes de production, défendre les circuits courts, le bio et nous pousse à de nouveaux modes de consommation. C'est elle aussi qui manifeste pour le climat depuis des mois. Encore elle qui est exigeante dans la lutte contre les violences sexistes, le refus du patriarcat, l'égalité des droits, quels que soient notre sexe, notre genre, notre religion ou notre couleur de peau. J'ai bien conscience que tous les jeunes ne s'engagent pas dans ces combats, voire ne s'engagent pas du tout. Mais pourquoi se priver de toutes celles et ceux qui veulent transformer la société, bousculer le monde ? C'est une richesse inestimable.

L'école est le premier lieu où nous pouvons répondre au désir d'émancipation de la jeunesse. Dans cet esprit, il faut arrêter d'opposer ceux qui seraient « manuels » et les autres, qui seraient « intellectuels ». On a autant besoin des deux. Celles et ceux qui sont dans l'enseignement professionnel doivent pouvoir faire de la philosophie et, inversement, celles et ceux qui choisissent les formations littéraires peuvent aussi apprendre à manier les outils. Celles et ceux qui le souhaitent doivent pouvoir s'engager dans des études supérieures, dans une formation choisie : construisons des universités, recrutons massivement dans l'enseignement supérieur, reconstruisons les IUT, pour que les universités puissent accueillir dans de bonnes conditions tous les jeunes qui le souhaitent.

Faire cela, ce n'est pas seulement donner une instruction aux futures générations. Permettre à nos enfants d'accéder aux connaissances, au savoir, de passer plus de temps à l'école, aux jeux collectifs, à l'apprentissage des arts, de la musique, de la culture, s'ouvrir au respect des différences doit contribuer à leur donner toutes les clés pour appréhender le monde.

Même si on ne peut pas demander aux enseignants de régler tous les problèmes de la société, c'est aussi à l'école qu'il est possible de participer à la lutte contre l'obscurantisme, contre toutes les formes de radicalité, de violence, en apprenant à vivre ensemble dans le respect de nos différences. C'est à l'école, en apprenant ensemble, que se construisent cette culture commune, ce langage commun dont les jeunes auront besoin pour débattre ensemble, lutter ensemble, construire ensemble l'avenir. Le tri scolaire est le premier des séparatismes. Comment demander à des adultes de vivre ensemble s'ils ont été séparés dès leur enfance, les uns dans le privé, les autres dans le public ; les uns dans des filières élitistes, les autres dans des « voies de garage » ? Nous avons besoin d'une école commune à toute notre jeunesse si nous voulons un avenir commun. Cette école émancipatrice, telle que l'ont forgée les hussards noirs de la République, telle que l'ont rêvée les communards, telle que les enseignantes et les enseignants essaient de la faire vivre, nécessite des moyens, humains et financiers, à la hauteur de l'aspiration portée. Celle qui doit permettre d'apaiser les tensions qui minent notre société, comme le racisme, le sexisme ou encore les phénomènes de bandes. Ouvrir une école, c'est fermer une prison, selon les mots que l'on attribue à Victor Hugo. Je partage pleinement cette vision.

La jeunesse la mieux formée

En cinquante ans, le nombre d'étudiants a quasiment quadruplé, de 700 000 à 2,7 millions aujourd'hui. C'est évidemment une grande chance pour notre pays, mais s'en donne-t-on vraiment les moyens ? À quoi bon engager des générations entières dans les études supérieures, si c'est pour en laisser tomber la plus grande partie, fragilisée par le manque d'argent et assommée de fatigue par les petits boulots précaires ? Je veux pour mon pays la jeunesse la mieux formée.

Il faut en finir avec cette ségrégation qui ne dit pas son nom : d'un côté ceux dont les parents ont les capacités de financer toutes les dépenses et dont il n'est pas question de dévaloriser les efforts ; de l'autre, la longue cohorte des forçats du diplôme, condamnés à jongler entre les heures de cours et le travail rémunéré. Beaucoup s'en sortent, heureusement. C'est même pour eux une forme d'apprentissage de la vie. Mais à quel prix ?

Au-delà d'activités sociales réduites à leur plus simple expression, le recours à un emploi reste incompatible avec le rythme de l'université, pire encore lorsqu'il s'agit des grandes écoles ou de filières très exigeantes comme la médecine. Le salariat étudiant représente aujourd'hui la première source d'échec à l'université. Impossible d'aller bosser dans un resto le soir quand on doit consacrer plus de soixante heures par semaine à ses cours et révisions. D'où les nombreux renoncements, en cours de route ou même dès l'heure du choix après le bac. Polytechnique, l'ENA, Normale sup, HEC et les autres n'accueillent que 6 % d'enfants d'ouvriers. Cette forme de sélection par l'argent est indigne d'une grande nation comme la nôtre. La solution n'est bien sûr pas de supprimer l'ENA comme le Président vient de le décider de façon démagogique, mais de permettre à tous ceux qui le souhaitent de se consacrer à 100 % à leurs études.

C'est pourquoi je propose la création d'un revenu étudiant de 850 euros. L'objectif étant de ne laisser aucun étudiant sous le seuil de pauvreté. La jeunesse paie très cher la période que nous vivons. Nous avons fait preuve d'inconséquence en leur livrant une planète promise au chaos si nous ne bouleversons pas complètement nos modes de vie. Tout acte de solidarité avec la jeunesse est donc non seulement indispensable, mais s'apparente à une reconnaissance de dette.

Au-delà d'un socle minimum, une part supplémentaire pourrait ensuite être attribuée en fonction des revenus. Le plafond serait suffisamment élevé, au-delà de deux Smic, pour que les familles des classes moyennes, qui ont parfois du mal à joindre les deux bouts, puissent elles aussi bénéficier d'une aide financière pour leurs enfants. Enfin, un troisième volet permettrait de faire face aux dépenses de logement. Cette nouvelle ressource serait coordonnée avec un ambitieux programme de construction de résidences universitaires. L'objectif étant de pouvoir loger tous les étudiants sans qu'ils aient un loyer à payer de leur poche, comme le propose la Confédération nationale du logement.

Voilà ce que doit être pour nous un véritable revenu étudiant : une aide suffisante pour que les jeunes ne soient pas obligés de travailler et puissent vivre en totale autonomie. Un tel dispositif coûterait entre 20 et 23 milliards d'euros par an. À gauche, nous sommes plusieurs à porter une proposition similaire, preuve à la fois de l'urgence sociale et d'une volonté commune de mettre cette mesure en œuvre.

Elle serait financée pour partie par les cotisations sociales des entreprises, tandis que l'État prendrait en charge le reste. On doit pouvoir trouver un système qui s'appuie sur ces deux piliers. Je préfère que l'État consacre 10 milliards d'euros à la jeunesse plutôt qu'il les distribue aux multinationales du Cac 40, si gourmandes en versement de dividendes. Bernard Arnault, qui vient de conforter sa place sur le podium mondial des milliardaires, n'a pas besoin de la suppression des impôts de production. Gérard Mulliez et les autres non plus. Et les 358 198 personnes qui ont déclaré en 2017 un patrimoine net taxable de 1 029 milliards d'euros (oui, vous avez bien lu : plus de 1 000 milliards!) pouvaient très bien supporter l'impôt de solidarité sur la fortune, supprimé par Emmanuel Macron dans la foulée d'une élection largement sponsorisée par la finance.

Un emploi garanti pour toutes et tous

Au troisième trimestre de l'année 2020, 21,8 % des 18-25 ans, soit 619 000 jeunes, étaient au chômage. Pourtant, les besoins sont immenses. Nous l'avons vu avec la pandémie, nous avons besoin de travailleurs dans la santé, l'éducation, l'énergie, les transports, l'industrie. Cela implique de trouver une solution pour chaque jeune qui en termine avec les études. Non pas une réponse minimaliste comme le contrat civique, la Garantie jeunes ou le contrat initiative emploi, tous payés quelques centaines d'euros par mois, mais un véritable travail, adapté à la formation initiale et correctement rémunéré. C'est une question de respect envers ceux qui devront relever les immenses défis de notre siècle.

Concrètement, le dispositif que je souhaite mettre en place, par une large concertation, garantira à chaque jeune en fin de cursus scolaire un contrat de travail en CDI, à temps plein, dans une entreprise du secteur marchand ou non marchand, ou bien une titularisation dans les collectivités, services publics et associations. La proposition s'adresse aussi bien à ceux qui sortent du système éducatif, avec ou sans certificat ou diplôme, qu'aux bacheliers, aux ingénieurs, aux juristes ou à tout autre diplômé du supérieur. Tous doivent bénéficier d'une offre d'emploi pour pouvoir entrer sereinement dans la vie professionnelle et être utiles au pays. Cela suppose de travailler en amont avec un véritable service public de l'emploi et de la formation, avec les entreprises, les acteurs économiques et tous ceux qui portent une responsabilité dans l'avenir de notre nation.

Cela passe bien sûr par des réformes importantes pour changer complètement de paradigme en matière d'emploi. Aujourd'hui, nous vivons dans une société capitaliste qui a besoin d'un chômage de masse pour mettre en concurrence les travailleurs, les travailleuses, les jeunes qui entrent dans la vie active. Tout cela permet de maintenir des salaires bas, de rendre le travail flexible. J'ai rencontré de jeunes ingénieurs payés 1 500 euros net. Les sages-femmes, après cinq ans d'études, ne perçoivent que 1 600 euros. Quant aux métiers de l'industrie, tels que les soudeurs, les chaudronniers ou les électromécaniciens, s'ils sont (un peu) mieux rémunérés, c'est uniquement en raison de leur rareté, après avoir été tant dévalorisés. Nos lycées professionnels n'en forment pratiquement plus. Enfin, ceux-là mêmes qui organisent une société de chômage de masse nous demandent « en même temps » de travailler plus longtemps, comme si les bras manquaient dans le pays ! Au contraire de cette logique, je préfère impulser une dynamique de création d'emplois dans le privé en réindustrialisant le pays, en engageant la transition écologique et en modifiant complètement nos modes de production pour redonner du sens au temps de vie consacré au travail. Il y a un million d'emplois à retrouver dans l'industrie française. Cela doit aller de pair avec des réformes telles que la retraite à 60 ans, intégrant les années d'études, et la réduction du temps de travail pour permettre aux jeunes d'accéder à l'emploi. Les grandes entreprises ont les capacités de répondre à cela. Au lieu de distribuer des dividendes, elles devront améliorer les conditions de travail, en accord avec les syndicats, et s'engager à embaucher. Les plus petites auront besoin d'être aidées. L'enjeu est de tout mettre en œuvre pour permettre à nos enfants de travailler dans leur domaine de compétence, en étant rémunérés en fonction de leur diplôme. Quel chef d'entreprise refuserait de créer les conditions d'embaucher et de former des jeunes si l'État est à ses côtés ? Il faut initier la même dynamique dans le secteur public. Il y a tant de besoins dans nos hôpitaux, dans les écoles, dans l'accompagnement des personnes âgées, dans la propreté des villes, pour la tranquillité publique… J'aimerais remettre à l'ordre du jour des campagnes de prérecrutement, avec le statut de fonctionnaire, dans les différents ministères concernés, en garantissant une formation, un salaire puis un poste à des centaines de milliers de jeunes qui ont envie de servir leur pays. Les organisations de jeunesse que j'ai rencontrées ne demandent pas de statut dérogatoire au seul motif d'être jeune. Elles ont raison. C'est donc de la responsabilité de la nation tout entière de créer les conditions pour que sa jeunesse accède à une formation de qualité et à un travail correctement rémunéré, en lien avec ses diplômes.

Les premières années d'emploi se caractérisent par une forme de « bizutage social » à laquelle peu de jeunes échappent. Je veux mettre fin à ces multiples contrats d'exception qui permettent aujourd'hui de sous-rémunérer les jeunes et de les « jeter » lorsque l'on n'a plus besoin d'eux. L'entrée sur le marché de l'emploi doit être garantie par un CDI ou bien par une titularisation. Ce départ pourra s'accompagner d'une période de formation professionnelle, complémentaire à la formation initiale, pourvu qu'elle soit assortie d'un salaire en rapport avec la qualification.

Il ne serait pas logique, par exemple, de payer un ingénieur au Smic, sauf à dénaturer le contrat passé avec la jeunesse. Toutes les années de formation doivent être reconnues dans les conventions collectives, et une même formation doit déboucher sur une qualification égale. Si nous sommes capables de mener à bien un tel projet, non seulement cela redonnera de l'espoir à des centaines de milliers de jeunes, mais nous sortirons progressivement du cercle désespérant du chômage.

Il est indispensable de relancer la formation professionnelle, initiale et continue, pour qu'elle soit en phase avec les besoins de la société : nous devons former à des métiers nouveaux, pour répondre aux défis écologiques ou pour développer les professions du soin, par exemple. Et toute formation doit déboucher sur une qualification reconnue dans les conventions collectives. C'est important, parce que les formations sont de plus en plus traduites en « compétences » individuelles et pas en qualification, ce qui isole ensuite les salariés.

Cette mesure profitera à l'ensemble du monde du travail : l'arrivée de jeunes précaires et corvéables à merci sur le marché du travail tire tous les salariés vers le bas; au contraire, quand l'État garantit aux jeunes un emploi de qualité, cela tire vers le haut les conditions de travail de tout le monde. Au lieu de virer les quinquagénaires pour les remplacer par des intérimaires, nous préférons nous appuyer sur leur expérience pour former les jeunes.

L'indispensable appui d'un État stratège

Le pari ne sera gagné que si l'État joue, enfin, son rôle de pilote dans l'économie. C'est à lui d'imposer aux grands secteurs d'activité des stratégies de long terme, comme la relocalisation des productions. Actionnaire de plusieurs milliers d'entreprises, des plus importantes – comme Renault, Thalès ou Airbus – aux plus petites, il est en capacité de peser sur les grandes orientations.

Je ne suis pas favorable à ce que tous les secteurs de l'économie soient mis sous la coupe d'un État patron. Des nationalisations restent bien sûr indispensables. Mais l'étatisme, que certains prônent encore à gauche, a montré ses limites. En revanche, que l'État définisse une stratégie de réindustrialisation est crucial. Il doit même le faire sans tarder dans un grand nombre de secteurs, comme l'automobile, le ferroviaire, la chimie, le médicament ou l'aérien. Concrètement, cela veut dire par exemple qu'il faut imposer à Renault de rapatrier en France la production de la Dacia

Spring électrique, actuellement fabriquée en Chine, ou de la C5X de Peugeot, elle aussi produite en Chine et qui reviendra en porte-conteneurs hyper polluants en France. La liste des délocalisations est longue, mais dans l'automobile les constructeurs français tiennent le pompon. Je ne compte plus les usines qui tournent à plein régime en Hongrie, en Slovaquie, en Turquie, en Roumanie, en Inde et en Asie pour produire des moteurs, des boîtes de vitesses, des voitures, des circuits électriques, des carters qui sont ensuite importés en France. En quinze ans, l'industrie automobile en France a perdu un tiers de ses effectifs, intérimaires inclus. Pourtant, on vend toujours plus de voitures dans l'Hexagone. Mais nos précédents gouvernements, comme celui-ci, ont organisé le grand déménagement à l'étranger. N'avons-nous pas ici les ouvriers spécialisés, les techniciens, les ingénieurs et les chercheurs pour produire chez nous ce dont nous avons besoin chez nous ?

Le cas de Renault est éloquent : 350 000 voitures de la marque (Dacia, Clio, Megane...) sont produites en Turquie, Slovénie, Roumanie, Espagne pour être ensuite réimportées en France. Ces usines hors de France, comme celles de Peugeot/Stellantis d'ailleurs, tournent à plein régime, sept jours sur sept, avec des salariés surexploités et sous-payés. Sans parler de l'électricité utilisée dans ces pays, qui provient très majoritairement de centrales à charbon.

Avec les syndicats des constructeurs automobiles, nous demandons d'alléger la charge de travail de ces sites extérieurs pour augmenter celle des usines françaises. Cela permettrait d'améliorer les conditions de vie et de travail des salariés roumains, turcs, slovènes, espagnols qui revendiquent, eux aussi, de meilleurs salaires et de meilleures conditions de travail, mais cela conduirait également à recréer des emplois en France. Selon Fabien Gache, le responsable national de la CGT chez Renault, 4000 contrats à durée indéterminée pourraient être proposés pour réintroduire en France la production de 350000 véhicules Renault. Un tel choix conduirait nécessairement à relancer l'activité de nos fonderies, elles aussi abandonnées par les constructeurs français. Je dis souvent à Bruno Le Maire qu'il faut arrêter de mentir sur ce sujet. Il parle de relocalisations, mais il donne en même temps de l'argent public à Renault, qui continue de délocaliser à l'étranger. Les seules relocalisations dont il pourra se vanter sont celles liées à la production de batteries. Et encore, celles-ci se feront sur le dos d'autres sites. Par exemple, l'usine de batteries de Peugeot qui doit voir le jour en 2023-2024 dans le Pas-de-Calais embauchera les ex-salariés de Bridgestone ou ceux de la Française de mécanique, de Douvrin, située juste à côté, qui produit des moteurs pour Peugeot et dont l'avenir est loin d'être assuré.

Imaginons de proposer à la jeunesse de participer à la reprise en main de l'économie en construisant, avec elle, une finance éthique au service d'un projet de société tourné vers l'humain et la planète. Je rencontre tellement de jeunes qui ont multiplié les diplômes en économie, en finance, mais qui n'ont pas d'autre débouché que celui de servir le capital ou d'organiser l'optimisation fiscale des grands groupes. Je sais de quoi je parle car j'en rencontre beaucoup et mes trois autres fils travaillent ou étudient dans ces secteurs. Nous pouvons avec eux bâtir un pôle public bancaire au service de nos projets et mener une lutte efficace et impitoyable contre la fraude et l'évasion fiscale. C'est à rebours du projet de La République en marche qui veut dérouler le tapis rouge aux *traders* de la City. Qu'ils restent chez eux, nous n'en voulons pas !

Ce pacte pour la jeunesse relève aussi d'un choix de société. Sommes-nous capables, pour créer les emplois indispensables, d'investir des dizaines de milliards dans la réindustrialisation du pays, dans la transition écologique, dans la rénovation thermique des bâtiments, dans nos services publics, dans les grandes infrastructures ? Sommes-nous prêts à prendre la voie ambitieuse de la reconstruction du pays ?

La crise sanitaire a démontré, à nos dépens, combien nous avions besoin d'une fonction publique puissante, et non pas désorganisée comme actuellement par des années de restrictions. La suppression de 90 000 emplois de fonctionnaires sous la présidence de Nicolas Sarkozy nous a coûté très cher. Et ce sera plus terrible encore si Bruno Le Maire se retrouve en situation, après 2022, de mettre en œuvre son plan impitoyable de réduction de la dépense publique, présenté comme indissociable du remboursement de la dette. Cette perspective nous conduirait droit dans le mur, alors que les Français n'ont jamais eu autant besoin des services publics pour les accompagner et les protéger. Même si, hélas, les jeunes sont de moins en moins nombreux à vouloir devenir infirmiers, enseignants, tant les conditions de travail sont dégradées… C'est pourquoi je veux rompre avec cette logique : la revalorisation salariale, la création d'emplois dans la fonction publique sont urgentes. Nous pourrions mettre en œuvre rapidement un système de prérecrutement permettant aux jeunes qui se destinent à ces métiers utiles, de la santé ou de l'éducation, d'être recrutés dès le bac, puis de se former en étant rémunérés et en ayant la garantie d'un emploi stable à l'issue de leur formation.

Le secteur non marchand constitue lui aussi un vivier extraordinaire. L'économie sociale et solidaire regorge de potentialités. Les associations, citoyennes, culturelles, sportives, offrent un large champ d'activité. Au total, on doit pouvoir créer, dans les trois ans qui viennent, un million et demi d'emplois stables, à temps plein. C'est l'objectif qu'il faut tenir pour permettre à tous les jeunes de bénéficier d'un premier accès au marché du travail. Si l'on n'augmente pas le volume global d'emplois, cela ne peut pas fonctionner.

Le volontarisme sur lequel repose ce projet est à l'opposé de la vision libérale portée par l'actuel gouvernement. Au nom d'une doctrine qui laisse le capital et les entreprises circuler et s'installer partout dans le monde, au gré des marges, toute intervention publique est proscrite. À une exception toutefois : le versement d'aides considérables lorsque la conjoncture vire à l'orage, naturellement sans la moindre contrepartie…

Jaloux de ses profits, généreux dans le partage des pertes, avide de deniers publics : ainsi chemine le capitalisme d'aujourd'hui, toujours plus exigeant, toujours plus vorace. Quand il demande la suppression des impôts de production, c'est 10 milliards de plus qui rentrent dans les comptes de Total, Renault, Peugeot, Michelin, Thalès, Airbus… Cet argent, qui n'est rien d'autre qu'une subvention déguisée, ne sert pas l'industrie, l'emploi ou la formation. Il satisfait les appétits de la finance. Voilà la grande mutation du capitalisme : contraindre l'État à nourrir son appétit du gain. Comme si cela ne lui suffisait pas d'exploiter les hommes et la nature.

Il est urgent de reprendre la main. De mettre fin à ce que des économistes comparent parfois à un « braquage de banque ». Je ne prétends pas que les milliards d'euros injectés dans l'économie sous forme de réductions ou de crédits d'impôt ne sont d'aucune utilité. Mais cette distribution d'argent doit être conditionnée par une création massive d'emplois, par la réindustrialisation du pays, par la formation, par la transformation de nos modes de production. À défaut, cela revient à arroser le sable. Et à remplir les poches des actionnaires.

Pour créer des emplois, instituons les 32 heures et la retraite à 60 ans

La droite, Bruno Le Maire en tête, claironne sans relâche que les Français ne travaillent pas assez. C'est vrai. Non pas en raison d'un temps de travail soi-disant trop faible, mais plutôt parce qu'ils ne sont pas assez nombreux sur le marché de l'emploi, les jeunes surtout. Quelle serait la logique, dans un tel contexte, d'alourdir les contraintes de ceux qui ont un emploi au détriment de ceux qui en cherchent un ? La réponse est, hélas, limpide : le maintien d'un taux de chômage élevé ouvre la voie aux régressions sociales de toutes sortes, comme l'a démontré la succession de réformes du droit du travail, toutes sanctionnées par d'insupportables reculs. Miser sur la seule croissance tout en se privant des leviers pour la déclencher est un leurre agité par la droite. Une sorte de danse de la pluie sous forme de promesse éternelle de jours meilleurs. Ne nous laissons pas prendre par ces manœuvres.

Pour ma part, je préfère les actes concrets. Pour créer des emplois, comme je viens de le développer, l'État doit reprendre les commandes de son économie. Mais je plaide également pour une forte réduction du temps de travail, à 32 heures par semaine. Travaillons moins et travaillons tous ! Permettons à ceux qui le souhaitent de partir à la retraite à 60 ans et en bonne santé. C'est une mesure de progrès social dont nous avons besoin pour reconstruire le pays à l'issue de cette crise. L'espérance de vie en bonne santé reste très inégale. Elle est de 59 ans pour un ouvrier et de 69 ans pour un cadre. Ce serait donc une mesure de justice sociale que de permettre aux salariés de partir à 60 ans avec une bonne pension, avec 37,5 années de cotisations, en prenant en compte les années d'études. Bien sûr, des mesures de départ anticipé à 55 ans pour celles et ceux qui auront exercé des métiers pénibles doivent être mises en place. L'espérance de vie est encore plus faible pour certains, comme les verriers ou dans ces métiers où l'on travaille posté, de nuit.

J'entends déjà les réserves autour de telles propositions : elles seront qualifiées d'irréalistes, voire de déraisonnables. Ces critiques étaient déjà de mise lorsque François Mitterrand a fait voter, avec les communistes, la retraite à 60 ans, la cinquième semaine de congés payés, la loi sur les 39 heures hebdomadaires, puis quand Lionel Jospin a instauré les 35 heures, toujours avec notre appui. Les réprobations étaient tout aussi virulentes quand Martha Desrumaux, militante syndicaliste communiste du Nord, embauchée à l'âge de 12 ans dans l'industrie textile, se battait pour réduire le temps de travail. On lui opposait que son combat était perdu d'avance. Elle fut pourtant la seule femme présente aux accords de Matignon, en 1936.

Cette pandémie nous a rappelé combien la vie était fragile et précieuse. Elle a rebattu beaucoup de cartes avec le télétravail, la mise en place de rotations entre travailleurs, dans certains secteurs géographiques. De nouvelles pistes de réflexion sont apparues. Elles ne doivent pas se traduire par des contraintes supplémentaires, mais plutôt comme des opportunités de repenser notre approche du travail, de lui donner un sens, en conformité avec les aspirations de la jeunesse. C'est tout cela que nous voulons mettre en négociation, avec les employeurs, les syndicats, les salariés, les élus locaux et le gouvernement.

Quelle société du travail pour demain ?

Je ne suis pas favorable à l'instauration d'un revenu universel. Tout comme je ne soutiens pas l'attribution d'un capital de 120 000 euros pour démarrer dans la vie ou le prêt garanti pour chaque jeune. Je préfère m'inscrire dans le cadre d'une société qui valorise le travail. Qui permette à chacun de décrocher une formation, un emploi utile et de qualité, avec un salaire suffisant pour vivre dignement. C'est à cela que je souhaite consacrer toute mon énergie, plutôt que de me résigner à un chômage de masse. Ce serait à mes yeux faire preuve de défaitisme. Quand j'imagine l'avenir, je me dis que la moitié des métiers de notre siècle sont encore inconnus. Les avancées technologiques, à commencer par la révolution quantique, les progrès de la science, les bouleversements dans les modes de production imposent déjà une adaptation permanente, et donc des besoins en formation de plus en plus élevés, tout au long de la carrière professionnelle. C'est à ces défis que je veux d'abord répondre.

Ce qui n'empêche nullement de mener une réflexion sur le long terme. J'ai d'ailleurs eu des échanges passionnants sur le sujet avec le philosophe Bernard Stiegler, qui nous a hélas quittés trop tôt. Peut-être aboutirons-nous un jour à une société sans travail, du moins fortement réduit. C'est une aspiration légitime. Mais nous n'en sommes pas là. Pour ma part, je reste profondément attaché au rôle social du travail, comme source d'émancipation personnelle et d'engagement au service de la société.

Voilà pourquoi il me paraît irréaliste de promettre un revenu universel, alors que nous avons tant de besoins à satisfaire, pour créer des richesses utiles, pour garantir notre souveraineté alimentaire, pour retrouver notre indépendance sanitaire ou pour reconquérir nos capacités industrielles. Comment tenir nos objectifs climatiques si l'on n'investit pas massivement dans les transports, dans l'agriculture, dans la rénovation des bâtiments, dans la lutte contre l'artificialisation des sols et dans tant d'autres domaines ?

Notre pays a besoin d'hommes et de femmes qui travaillent, qui nourrissent les autres, qui cherchent, trouvent et produisent des vaccins, des médicaments, qui enseignent les savoirs indispensables à nos enfants, qui prennent soin de leurs aînés... Nous sommes encore loin d'une société dans laquelle le travail pour les humains viendrait à manquer, remplacé par celui des machines. Ce temps-là, nous pouvons y songer, mais en aucun cas le précipiter, au risque de fracturer encore un peu plus notre pacte social.

La déshumanisation à marche forcée des relations avec l'administration provoque des dégâts considérables, sans que le gouvernement cherche à y mettre un terme.

Je ne veux pas d'une France qui capitule sur l'emploi et rejette ses jeunes dans la précarité. Je ne veux pas non plus d'une société à deux vitesses, dans laquelle les uns, toujours les mêmes, pourraient travailler, se former à l'étranger, dans de confortables conditions, tandis que les autres seraient assistés, contraints d'accepter une allocation en forme d'aumône. C'est pour cela que je suis si réservé à l'égard du revenu universel. Nous avons les moyens de faire beaucoup mieux.

Je mets ainsi en débat, non pas un revenu garanti pour tous, sans contrepartie, mais la mise en place d'un système novateur qui sécurise l'emploi et la formation des jeunes à la sortie de leur cursus scolaire. Voilà notre priorité pour les prochaines années. Elle va de pair avec un meilleur partage des richesses. Il faut reprendre la main sur les banques, sur les assurances, sur le capital, pour que les profits réalisés aujourd'hui soient mis au service de ce pacte pour la jeunesse.

Une sécurité sociale de l'emploi et de la formation

Plaider pour une société du travail n'est pas incompatible avec la prise en compte d'aspirations nouvelles. Autour de la table familiale, à Saint-Amand-les-Eaux, la conversation tourne souvent autour de la vie professionnelle. Nos enfants ont entre 19 et 27 ans, trois d'entre eux poursuivent encore leurs études et deux sont entrés dans la vie active. Comme les autres, ils souffrent du ralentissement économique et de la crise sanitaire. Tous veulent travailler, mais pas forcément au même rythme que les générations précédentes. Ils ont vu des parents, des grands-parents, des amis tout donner pour leur métier, sans toujours en retirer de justes bénéfices. La multiplication des plans sociaux, la fragilité de certains emplois, l'âpreté des relations en entreprise les font réfléchir. À part ma fille et le plus grand, qui travaille dans le secteur bancaire, les trois autres ne savent pas quel métier ils vont exercer. Ils continuent d'apprendre, chacun dans sa voie, sans pour autant être certains que cela soit la bonne. En tant que parents, nous aimerions bien qu'ils s'engagent dans une filière professionnelle, qu'ils se projettent dans un métier. Ce n'est pas leur préoccupation première. L'un va avoir son master 2 en fiscalité des entreprises, mais a envie d'être utile pour la société, l'autre s'évade en suivant une licence de mathématiques, le troisième a soif d'apprendre et cela lui suffit. Mais n'est-ce pas aussi cette liberté qu'il faut leur préserver ? Pour beaucoup de jeunes, la vie n'est pas une annexe du travail. Ils veulent aussi voyager, apprendre, se distraire, participer à la vie de la cité, s'engager. Comment leur donner tort ? Les jeunes médecins ne veulent pas consacrer, comme leurs aînés, plus de soixante-dix heures par semaine à leurs patients. Même chose pour les magistrats ou les agriculteurs. Aucun jeune ne souhaite s'affranchir totalement du travail, ils cherchent plutôt à le vivre autrement, en le partageant plus largement, au profit d'un plus grand libre arbitre. Ils aspirent à un travail utile pour les autres, qui a un sens, mais aussi à conserver du temps libre pour découvrir le monde, s'engager autrement pour la société, et pourquoi pas se former pour se diriger vers d'autres horizons.

C'est pourquoi nous proposons la création d'une sécurité sociale professionnelle pour chaque salarié, avec un grand service public de la formation ouvert à tous, tout au long de la carrière. Grâce à une telle innovation, la mobilité professionnelle ne serait plus synonyme de mise en danger, pour les employés comme pour les employeurs. Le développement de formations professionnelles publiques de qualité, qualifiantes, est nécessaire pour permettre à chacun d'évoluer et pour répondre aux nouveaux besoins qui vont émerger de plus en plus rapidement. C'est aussi une manière d'offrir aux salariés qui le souhaitent une mobilité professionnelle choisie, sans perte de salaire. Les changements de filière, de métier, d'entreprise seront de plus en plus fréquents, en raison des avancées technologiques mais aussi du souhait croissant des travailleurs de ne plus évoluer dans le même registre pendant quarante ans. Je partage cette aspiration, sans rejeter celle, tout aussi estimable, qui privilégie la stabilité et la durée. Chacun devrait pouvoir vivre et travailler à son rythme. Or c'est loin d'être le cas. Le travail tel qu'il est organisé par le monde capitaliste fait peur. Il ne donne pas envie à la jeunesse. Au contraire, il est associé à la violence sociale, aux pressions de toutes sortes, à l'exploitation, à la surenchère dans la concurrence des travailleurs. Et tout cela, bien souvent, sans compensation à hauteur des sacrifices imposés. C'est cette logique-là, servie par des règles destructrices, qu'il faut renverser.

C'est justement pour redonner du sens au travail que nous souhaitons créer de nouveaux droits pour les salariés au sein des entreprises. Par leur engagement, leurs compétences, leurs idées, leur connaissance de l'entreprise, les travailleurs ont forcément leur mot à dire sur la manière de produire, sur les conditions de travail. Le partage des richesses commence par le partage des leviers de production et de décision.

De nouveaux droits pour les jeunes

Je veux lancer une réflexion sur la création d'un statut social pour les jeunes, source de droits nouveaux, à la mobilité, au permis de conduire, à un logement digne, à l'accès aux soins, au sport, à la culture… Chacun pourra constituer un dossier dans une maison de la jeunesse pour bénéficier de l'ensemble des aides dont il a besoin. Les propositions que je formule s'inscrivent dans le pacte pour la jeunesse. J'évoquais déjà l'idée lorsque j'étais tête de liste du parti communiste aux élections régionales de 2015 dans le Nord-Pas-de-Calais. Plus que jamais, je pense par exemple que chaque jeune qui le désire devrait avoir la possibilité de vivre plusieurs mois à l'étranger avant d'entamer sa carrière professionnelle, sur le modèle du programme universitaire Erasmus, mais de façon élargie. La France est au cœur de l'Europe, ouverte sur la mer comme sur le continent. Notre histoire, notre culture nous incitent aux échanges avec les pays du monde entier. Cela devrait être un axe majeur de notre politique pour la jeunesse. C'est hélas loin d'être le cas. Les programmes d'échanges sont trop limités, accessibles seulement aux familles aisées, parfois aux classes moyennes. Il faut les étendre aux milieux populaires, auxquels on doit donner les mêmes chances de réussite qu'aux autres.

Les artistes aussi, pour créer, ont besoin de liberté. Et même de la possibilité de créer sans que leurs œuvres deviennent forcément des marchandises. C'est pourquoi il est urgent de redonner tout son sens au régime des intermittents du spectacle. En affirmant que la culture n'est pas une activité essentielle le gouvernement a pris un virage très dangereux. Depuis le début de la pandémie, j'ai rencontré de nombreux artistes, des comédiens qui auraient rêvé d'intervenir dans des écoles, des centres sociaux, des maisons de la culture. C'était possible, dans le respect des gestes barrières et des règles sanitaires. Les professionnels aguerris comme les apprentis auraient pu apporter de la joie, du réconfort, une respiration, dans une période qui en manquait tellement. Pourtant, on les a empêchés de créer, de se produire, de restituer. L'État a raté l'occasion d'organiser un grand mouvement collectif autour de la culture. Au lieu de cela, il a préféré la mettre sous cloche et la plonger dans un silence contre nature. Certes, des artistes ont pu élever la voix pour protester, comme lors des Césars, mais je pense surtout, en écrivant ces lignes, à tous ces jeunes musiciens, comédiens, marionnettistes, mimes, plasticiens… privés d'expression, fauchés dans leur élan. Non seulement nous leur devons la prolongation de leurs droits, jusqu'au retour à la normale, mais, une fois sortis de la crise, je propose de donner des moyens supplémentaires à nos collectivités, nos communes, nos régions, nos départements pour soutenir la création et offrir à toute la population le bonheur de découvrir les œuvres des artistes. Au sortir d'une telle épreuve, notre pays aura plus que jamais besoin de se retrouver autour de la vie culturelle.

7

Construire la détente internationale

La solidarité en étendard

Inégalités. Voilà le mot qui me vient à l'esprit lorsque j'observe la situation internationale. Le capitalisme mondialisé, à l'œuvre depuis plus de soixante-dix ans maintenant, n'en finit plus de faire des ravages. Il attise les violences, les guerres, les logiques de puissance et de domination. Il provoque aussi le déclin démocratique, hypothèque la biodiversité et menace les conditions de vie sur la Terre. Déjà accablant, le bilan de ce modèle s'alourdit cruellement sous le feu de la pandémie. Les retombées économiques de la crise sanitaire frappent de plein fouet les plus fragiles. Au point que pour la première fois depuis 1990, la pauvreté risque d'augmenter à nouveau dans le monde. Une étude publiée sous l'égide de l'ONU évalue ainsi à un demi-milliard le nombre de personnes menacées de tomber dans la précarité, le plus souvent sans le soutien d'amortisseurs sociaux. Entre 1990 et 2013, le taux d'extrême pauvreté dans le monde a reculé de 36 à 11 %, mais il stagne depuis, et repart à la hausse avec la crise sanitaire actuelle. Plus de 700 millions de personnes vivent encore dans le dénuement, privées des droits fondamentaux comme la santé, l'éducation, l'accès à l'eau et à l'assainissement. Sans un profond changement de système, les progrès réalisés au cours des dernières décennies seront balayés, surtout avec l'explosion des inégalités au niveau mondial.

Selon un rapport publié en juillet 2020 par la FAO, l'organisme des Nations unies pour l'alimentation et l'agriculture, le nombre de personnes souffrant de la faim dans le monde pourrait passer de 690 millions en 2019 à 840 millions d'ici 2030. Et cela alors qu'un humain sur neuf souffre déjà de sous-nutrition chronique, tandis que 2 milliards vivent en « insécurité alimentaire ». Je pourrais multiplier ainsi les chiffres. Notre temps nous rappelle à l'évidence : nous sommes une même humanité vivant sur une même planète. Aujourd'hui, la question de la survie des deux est posée.

En 2015, l'ONU a défini 17 grands objectifs sociaux, économiques, environnementaux, les fameux « objectifs du développement durable », créés pour relancer les « objectifs du millénaire » fixés à New York en 2000, qu'aucun pays n'a réussi à atteindre. Ils visent, dans le cadre de l'« Agenda 2030 », à résoudre les grandes inégalités planétaires : éliminer la pauvreté et la faim, permettre à tous de vivre en bonne santé, assurer une éducation de qualité, parvenir à l'égalité des sexes, garantir l'accès à l'eau potable et à l'assainissement, à l'énergie à un coût abordable, à un travail décent. Voilà la feuille de route qui doit nous guider. Elle suppose le partenariat des gouvernements, du secteur privé, de la société civile et des citoyens. Seuls une coopération mondiale et des engagements sincères et puissants pourront lutter efficacement contre les inégalités à travers la planète. Sinon, nous courons à nouveau vers de beaux discours sans réalisations effectives. Nous n'avons plus le temps pour cela.

De plus, ces grandes inégalités entre pays pauvres et pays riches conduisent tous les ans toujours plus de familles et de personnes à fuir leur pays. Il y avait 41 millions d'exilés en 2010, quittant leur foyer, leur ville, pour fuir la guerre, les persécutions, les catastrophes climatiques. Ils sont 80 millions en 2020 ! Oui, il y a une crise migratoire importante ! Le nombre d'exilés a doublé en l'espace de dix ans.

La France a dû, elle aussi, dans la même période, faire face à une hausse des demandes. Mais parce que les gouvernements successifs ont fait le choix de durcir les conditions d'accueil, la majorité des demandeurs se retrouve sans droits et est exploitée honteusement par les plateformes numériques comme Uber, ou dans certaines filières professionnelles comme le bâtiment ou la restauration. C'est pourquoi je me suis engagé, comme beaucoup d'élus et de responsables d'associations, à demander une réforme du droit d'asile et à la régularisation des travailleurs sans papiers qui aujourd'hui sont employés « légalement » et payent des cotisations mais n'ont pas le droit d'avoir un titre de séjour régularisant leur situation.

Au lieu de cela, le gouvernement Macron préfère instrumentaliser la « question migratoire » pour nourrir ses surenchères avec le Rassemblement national ou avec la droite. Pourtant, combien de ces hommes et de ces femmes jouent un rôle essentiel pour que nos territoires disposent de médecins ou pour que notre système de recherche soit à la hauteur ? Combien étaient de cette « première ligne » que l'on trouvait juste de saluer lors du premier confinement ?

Nos dirigeants vont jusqu'à « sous-traiter » la question migratoire en versant des milliards d'euros à la Turquie afin qu'elle contienne les exilés du Proche Orient. Le président turc Erdogan en profite pour en faire un chantage insupportable, menaçant d'ouvrir ses frontières en échange d'un soutien à sa politique agressive contre les Kurdes ou contre la Grèce. Quelle honte ! Quelle honte de jouer avec la vie de ces hommes, de ces femmes, de ces enfants qui fuient la guerre, d'accepter de faire de la Méditerranée un immense cimetière au lieu de prendre sa part de solidarité. Comme je l'ai dit à plusieurs reprises, les ennemis de la France ne sont pas ces travailleurs, ces familles qui fuient les guerres et la misère pour trouver un pays d'accueil, ce sont ces milliardaires qui pillent notre pays en envoyant leur argent dans des paradis fiscaux.

La France doit résolument s'engager dans cette voie et faire de la solidarité l'étendard de sa politique internationale. Ce n'est pas seulement un devoir moral ou un enjeu de civilisation : c'est une nécessité pour mettre en sécurité toute l'humanité. Notre pays a ratifié les objectifs de l'ONU et s'est fixé des priorités, mais sans organiser de grand débat public pour définir ensemble les différentes actions à mener et leur financement. C'est ce que je propose de faire.

Le peuple français qui, depuis 1789, fait rayonner les valeurs de liberté, d'égalité et de fraternité, peut jouer un rôle majeur, avec tous les peuples qui le souhaitent, pour créer la conscience d'une citoyenneté du monde solidaire et généreuse. Notre pays s'enorgueillit de porter un message universaliste. Il abrite de nombreuses organisations non gouvernementales (ONG) dans lesquelles s'investissent des milliers de personnes. Mais c'est à l'État de conduire la marche. Je propose ainsi la création d'un grand ministère de la Coopération et de la Solidarité, adossé à celui des Affaires étrangères, comme l'avait fait le général de Gaulle au sortir de la guerre. Ce ministère aurait pour mission de répondre aux objectifs de l'ONU en matière d'aide aux pays en développement, de piloter efficacement toutes nos politiques de coopération et de solidarité internationale et de coordonner tous les acteurs de ce secteur fondamental afin que nous avancions ensemble. Notre pays, au lieu d'exporter des armes qui se retournent contre des civils, comme au Yémen, ou d'exporter des capitaux dans des paradis fiscaux, doit devenir un ambassadeur pacifique du développement.

Une aide au développement libérée du néocolonialisme

La France est loin de remplir ses devoirs en matière d'aide publique au développement. Alors que le président de la République avait promis de respecter enfin les engagements internationaux de la France pris depuis 1970 en consacrant 0,7 % du produit intérieur brut (PIB) à l'aide publique au développement, la contribution française atteint tout juste 0,55 % en 2019. En 2020, l'enveloppe globale s'élève à moins de 13 milliards d'euros. Notre aide aux pays en développement progresse donc à tout petits pas, quand les dépenses militaires, elles, avancent au grand galop. Sur l'injonction de Donald Trump, la France s'est en effet soumise à la contrainte imposée par l'Otan de dépenser 2 % de son PIB pour l'équipement des armées. Question de priorités sans doute.

Pour notre part, nous nous battons depuis longtemps, aux côtés de nombreuses organisations internationales, pour faire financer la coopération par la taxation des transactions financières. Si la fiscalité internationale et l'évasion fiscale font souffrir les pauvres dans les pays riches, elles éprouvent une grande majorité des habitants des pays pauvres. À titre d'exemple, l'Afrique est privée chaque année de quelque 100 milliards de recettes à cause des flux financiers illicites, soit l'équivalent de ce qu'elle reçoit au titre de l'aide aux pays en développement.

C'est pourquoi une telle taxe est non seulement indispensable pour améliorer le sort de millions de personnes, mais elle est aussi impérieuse au regard de la justice fiscale. Elle a pourtant été balayée d'un revers de main par le Président des riches quand nous l'avons à nouveau proposée, dès le premier budget du quinquennat.

Non content d'être en deçà des objectifs de l'ONU, le gouvernement pratique en plus une générosité « intéressée ». Il accorde en effet plus de la moitié de son aide publique au développement sous forme de prêts plutôt que de dons, comme le recommande notamment l'OCDE. Résultat : l'argent prêté ne répond pas aux besoins des populations mais sert surtout des intérêts ciblés, dans des secteurs productifs et rentables, comme les industries extractives. Cette « aide » qui n'en est pas une traduit une insupportable obsession du profit. Elle entache la sincérité de notre engagement. Dans le monde, seuls la Corée du Sud et le Japon font pire, quand certains pays, tels le Royaume-Uni ou les États-Unis, attribuent la totalité de leur aide au développement sous forme de dons.

Il faut rompre avec cette pratique aux relents de domination, également dénoncée par de nombreuses ONG. C'est pourquoi je plaide pour que la France accorde plus de dons que de prêts, et qu'elle augmente ses contributions aux institutions multilatérales, comme l'Unicef ou le Haut Commissariat pour les réfugiés. Ces aides seront ensuite redistribuées aux populations qui en ont besoin, en fonction de priorités internationales et non en fonction de nos propres intérêts économiques.

La coopération internationale mérite mieux qu'une charité mal ordonnée. De grands et beaux projets nécessitent des investissements colossaux. Je pense par exemple à celui de la « Grande Muraille verte », lancé en 2007 sous l'égide de l'Union africaine, qui devrait se déployer sur près de 8 000 kilomètres de l'ouest à l'est du continent africain, à travers 11 pays (le Sénégal, la Mauritanie, le Mali, le Burkina Faso, le Niger, le Nigeria, le Tchad, le Soudan, l'Érythrée, l'Éthiopie et Djibouti). Ce programme a suscité un espoir immense. Il pourrait permettre de transformer la vie de 100 millions de personnes selon un rapport de l'ONU, en favorisant la culture d'une mosaïque d'arbres, de prairies, de végétation et de plantes. Il vise à restaurer, à l'horizon 2030, quelque 100 millions d'hectares dégradés au Sahel, afin de ralentir la progression du désert en Afrique. Sa concrétisation pourrait créer 10 millions d'emplois et capturer 250 millions de tonnes de carbone. En d'autres termes, c'est une formidable opportunité pour lutter contre la désertification, la sécheresse, le changement climatique, la perte de biodiversité, la pauvreté et l'insécurité alimentaire. La France est impliquée dans le projet, parmi d'autres États, mais le compte n'y est pas. Alors que le coût total de l'opération est estimé entre 29 et 35 milliards d'euros, les fonds promis depuis l'accord de Paris en 2015 tardent encore à arriver. Les participants du One Planet Summit pour la biodiversité, qui s'est tenu à Paris le 11 janvier 2021, ont certes renouvelé l'engagement de la communauté internationale et promis le versement de 14,2 milliards d'euros sur cinq ans, accompagnés de la création d'un secrétariat de la Grande Muraille verte, rattaché à la Convention des Nations unies sur la lutte contre la désertification. Mais le temps presse, car pendant que les retards s'accumulent, le désert, lui, continue d'avancer. C'est toutefois avec des initiatives comme celle-là, et non en soumettant les relations internationales à la loi des armes, que l'on pourra faire émerger un monde de paix et de prospérité.

Le registre stérile et dangereux des sanctions économiques

En pleine pandémie mondiale, alors que toutes nos ressources et notre énergie devraient concourir à la lutte contre le virus, le maintien des sanctions et des embargos de toute nature sont tout simplement aberrants. Comment peut-on continuer à faire souffrir ainsi des populations quand l'heure impose de les protéger par tous les moyens ? Pire encore, certains pays, comme les États-Unis avec la Russie, n'hésitent pas à engager de nouvelles représailles. C'est surréaliste. Ces politiques de sanctions économiques permanentes pourrissent les relations internationales. Elles sont devenues un mode de gestion, aussi agressif qu'inefficace, de la mondialisation par les grandes puissances. Un prétexte cynique pour pérenniser le diktat d'un petit club hégémonique sur le reste du monde.

Les pays du Sud et leurs populations, plus faibles et plus fragiles, en sont les premières victimes. En s'arrogeant ainsi le droit de juger, de punir l'ennemi ou l'adversaire, les grandes puissances croient imposer leur supériorité, leur faculté à détenir des valeurs universelles. En clair, à porter seules l'idée du juste. Il n'en est rien, évidemment. Stériles et dangereuses, ces sanctions sont vécues comme une humiliation par les peuples qui les subissent. Elles nourrissent une violence sociale, prolongée par la montée d'un nationalisme sur lequel prospèrent dictateurs, mouvements fondamentalistes et mafias locales. Elles favorisent aussi la mise en place de circuits de contournement. Certains pays, au prix d'une puissante réaction politique, finissent par se passer des produits dont ils sont injustement privés. C'est le cas pour la Russie, qui a atteint l'autosuffisance alimentaire en réponse à l'embargo sur les exportations agricoles européennes décrété au moment du conflit en Ukraine. C'est aujourd'hui le tour de la Chine, qui développe certaines technologies informatiques qu'elle achetait auparavant aux États-Unis. Et c'est le cas bien évidemment avec Cuba. Le blocus des États-Unis, même légèrement assoupli pour un temps sous la présidence de Barack Obama, est criminel. Il porte de terribles coups, en particulier dans le secteur de la santé, et asphyxie le quotidien des habitants. Les Américains n'ont jamais accepté le soulèvement d'un peuple contre leur oppresseur capitaliste. Résultat, les Cubains n'ont toujours pas la possibilité de commercer et d'échanger librement. Nous avons pourtant beaucoup à apprendre de leur immense résistance. Malgré les restrictions, ils ont réussi à mettre au point un premier vaccin contre le Covid-19, avec l'objectif de le mettre à disposition des pays les plus pauvres. Ils ont aussi envoyé des brigades de médecins dans plusieurs pays, dont la France, puisque plusieurs d'entre eux sont arrivés en

Martinique. Pas mal pour une île de 11 millions d'habitants, entravée par d'inutiles obstacles dressés par pure idéologie ! Imaginez les prouesses technologiques dont le monde entier est aujourd'hui privé, au nom d'un diktat vieux de près de soixante ans. Dans une économie mondialisée, de tels actes n'ont aucun sens. Au football, cela reviendrait à marquer contre son camp. Les politiques de sanctions arbitraires font souffrir arbitrairement.

Pour autant, les représailles économiques sont-elles toujours illégitimes ? Non, bien sûr. Elles permettent de graduer une réponse diplomatique et de faire monter la pression. Lorsqu'un régime viole le droit international et la charte des Nations unies, il est important que la communauté internationale puisse sanctionner les contrevenants. Sinon, ce droit est voué uniquement à être violé. Il est donc légitime d'avoir sanctionné le régime d'Apartheid en Afrique du Sud, ou de vouloir le faire pour sanctionner les colonies israéliennes en Palestine ou la colonisation marocaine du Sahara occidental. Mais ces mesures ne peuvent relever que d'institutions internationales légitimes, auxquelles est reconnu le droit de dire ce qui est juste. C'est en particulier à l'ONU de reprendre la main, pour régler les conflits, les différends de tous ordres, selon sa mission attribuée au lendemain de la Seconde Guerre mondiale. Mais il faut pour cela qu'elle retrouve toute son influence, le poids qu'elle a perdu au profit de quelques puissances. Comment ? En soutenant la réforme du Conseil de sécurité des Nations unies, pour une plus grande ouverture et une meilleure représentativité des membres permanents et pour une amélioration du processus de décision. La France n'appuie pas assez cette réforme et je le regrette. Il faudrait donner à l'Assemblée générale des Nations unies, qui réunit tous ses États membres, un rôle plus important que celui qu'elle a aujourd'hui, lui permettant de fixer les grandes orientations, actuellement dévolues aux seuls cinq membres permanents du Conseil de sécurité. L'architecture de l'ONU a été fixée aux lendemains de la Seconde Guerre mondiale, il est temps de changer les codes pour affronter le monde de demain.

Dans la cour d'école

Quand j'écoute les propos de certains chefs d'État, j'ai l'impression d'être dans une cour d'école, au milieu de gamins qui jouent à s'impressionner. J'exagère ? Quand Donald Trump qualifie le dictateur nord-coréen de « *Rocket man* », avant de le menacer d'un tonnerre de feu jamais vu, que penser d'autre ? L'exemple est caricatural, mais n'empêche, il met en scène celui qui fut l'homme d'État le plus puissant de la planète. Les coups de menton, les moulinets, n'ont hélas pas disparu avec la défaite du ploutocrate de la Maison-Blanche. Ils font partie du décor, comme dans les mauvaises pièces de boulevard. Vladimir Poutine et la Russie sont aujourd'hui dans l'œil du cyclone. Les États-Unis, mais aussi l'Union européenne, agitent, chaque jour, la menace de nouvelles sanctions. Pour quels résultats ? Et surtout, jusqu'où mener une telle escalade quand on n'en maîtrise pas tous les éléments ? Cela me paraît irresponsable.

On peut naturellement discuter du cas d'Alexeï Navalny, dont les positions nationalistes devraient freiner les ardeurs européennes à le soutenir. Mais c'est un opposant et la Constitution russe garantit les droits et libertés de chacun. Aussi, ceux de Navalny doivent-ils être respectés, comme ils doivent l'être pour tous les citoyens russes. Mais pourquoi les dirigeants occidentaux se focalisent-ils sur lui alors qu'ils n'en font pas autant, par exemple, pour Julian Assange, actuellement au secret dans une prison anglaise de haute sécurité et en danger de mort, selon Nils Melzer, le rapporteur de l'ONU sur la torture et les traitements inhumains ? Julian Assange risque par ailleurs l'extradition aux États-Unis, avec cent-soixante-quinze ans de prison à la clé, pour avoir révélé des crimes de guerre commis par l'armée américaine en Irak.

Les sanctions prises par l'Union européenne après le coup de force du rattachement de la Crimée à la Russie en 2014 ne servent pas la paix. Au contraire, elles aggravent les tensions. Je souhaite qu'elles soient levées et que la France prenne l'initiative d'une conférence européenne pour la paix et la sécurité dans la région. Ce qui était possible à Helsinki en 1979 en pleine guerre froide doit pouvoir l'être aujourd'hui.

Que les choses soient claires : lorsqu'il y a des atteintes aux droits, aux libertés et à la dignité humaine, nous les dénonçons toujours avec force, quel que soit le pays qui s'en rend coupable. C'est ce que nous avons dit aux autorités chinoises à propos du sort réservé aux Ouïgours. Mais je fais partie de ceux qui estiment nécessaire de conserver un dialogue et un lien plutôt que de verser dans l'hypocrisie du monde capitaliste. Le 12 mars 2019, la Commission européenne publiait ainsi un document dans lequel elle désignait la Chine comme un « rival systémique ». Vraiment ? Dans ce cas, pourquoi multiplier avec elle les échanges commerciaux ? Pourquoi lui vendre nos grandes infrastructures, ports et aéroports compris ? Pourquoi lui ouvrir les portes de tous nos marchés stratégiques ? Aujourd'hui, des industriels français, comme ceux de l'automobile avec Renault et PSA, font le choix de délocaliser leur production en Chine pour gagner beaucoup, beaucoup d'argent. Rien ne les arrête, surtout pas un attachement à leur pays, je n'ose pas dire patriotisme, ni aux valeurs qu'il porte.

Dans un tel contexte, à quoi riment les rodomontades des dirigeants européens quand l'appât du gain et l'attrait pour les pays à bas coût balaient aussi facilement les consciences ? La lutte contre le *dumping* social, fiscal ou environnemental exige bien plus qu'une simple opposition de façade.

J'ai évoqué tous ces sujets lors d'une visite en Chine en juillet 2019. Les dirigeants que je rencontre regrettent bien sûr l'accusation de « rival systémique », mais, disons-le, avec un certain recul. Sourire aux lèvres, ils me font remarquer que jamais les contrats avec la France et l'Union européenne n'ont été aussi nombreux et fructueux. Voilà la réalité, lorsque l'on met de côté le « cinéma », l'agitation, l'esbroufe. La Chine, c'est vrai, fait le choix d'intervenir puissamment et directement dans l'organisation de son économie. Et ce qu'elle a réalisé en soixante ans est remarquable.

L'évolution de Shanghai en est un exemple frappant, quand on se souvient ce qu'était cette ville dans les années 1930. Aujourd'hui, la Chine ambitionne de développer les « nouvelles routes de la soie », c'est-à-dire des liaisons commerciales menant jusqu'au bout de l'Europe, jusqu'à Dunkerque et Boulogne-sur-Mer. Comment ? En passant par des voies de chemin de fer, sur la base de coopérations mutuelles entre les pays traversés. Cela implique des relations stables, équilibrées et pacifiques entre tous ces différents partenaires. C'est une belle entreprise à laquelle les dirigeants chinois sont très attachés. « Pourquoi pas ! ai-je répondu à mes interlocuteurs, mais à une condition : que les trains du retour puissent repartir chez vous avec nos propres produits d'exportation, fabriqués chez nous, sur une base de coopération et de complémentarité plutôt que de concurrence sur des produits similaires. » Autrement dit, les Chinois doivent ouvrir largement un marché jusqu'ici restreint à quelques produits emblématiques, le plus souvent de luxe. À terme, il faut que nous puissions retrouver pleinement notre souveraineté économique. C'est la raison pour laquelle j'ai indiqué à mes interlocuteurs chinois que je m'opposerais fermement, si j'étais en situation de le faire, à leur politique d'acquisition de nos grandes infrastructures.

Nous pouvons ainsi avoir de profonds désaccords de principe, y compris en matière politique, sans rompre pour autant le dialogue. Pas plus qu'en se livrant à de faux-semblants. La guerre économique à laquelle se livrent les États-Unis et l'Union européenne face à la Chine fait courir un risque immense au reste de la planète. Elle prend source dans un conflit purement idéologique, entre les représentants d'un modèle libéral et ceux d'un pays qui subventionne directement ses entreprises. Les seconds assument pleinement une telle ingérence dans l'économie quand les premiers la proscrivent, au nom de la liberté, tout en soutenant directement de très nombreux secteurs. Je me sens plus proche d'une organisation dans laquelle un État fait le choix d'investir, de soutenir son industrie et de la protéger plutôt que d'un système qui interdit toute subvention, comme c'est le cas avec les traités européens.

Un monde dangereux

« L'affirmation de la paix est le plus grand des combats », proclamait Jean Jaurès, avant d'être assassiné dans les ferments haineux de la Grande Guerre. Plus d'un siècle après la « Der des ders », la plupart des dirigeants revendiquent l'idéal pacifiste porté par le fondateur du journal *L'Humanité*. De fortes paroles s'envolent, comme celles du président Macron sous l'Arc de Triomphe, lors de la commémoration de la fin de la Première Guerre mondiale. Il n'y a pourtant jamais eu autant de conflits à travers le monde qu'au cours de ces dernières années. La France porte d'ailleurs une responsabilité dans plusieurs d'entre eux. Je songe notamment à la Libye, où Nicolas Sarkozy, président de la République, a voulu à tout prix mener « sa » guerre. Et, après l'avoir reçu en grande pompe à l'Élysée, faire tomber le colonel Kadhafi, pour le résultat que l'on connaît aujourd'hui : un pays en plein chaos, source d'instabilité chronique en proie à tous les trafics, de drogue, d'armes, d'êtres humains, et qui sert de refuge à tous les groupes terroristes de la région, notamment du Sahel. En Syrie, les discours de bonne volonté fleurissent, mais ce sont surtout les armes qui sont à l'œuvre. Avec un Bachar al-Assad toujours aux commandes, sans la moindre intention de se retirer ni de rendre des comptes. Les marchands de canons gagnent beaucoup d'argent, au prix de centaines de milliers de victimes, plus encore de réfugiés, sans aucune solution à l'horizon. Personne n'est dupe : la force militaire n'a aucune chance de résoudre des affrontements enracinés dans le désespoir social et la volonté d'humiliation de classes dirigeantes aveuglées par leur puissance.

Mais les enjeux financiers sont trop élevés pour laisser passer de tels marchés. Au contraire, la concurrence pour y participer fait rage. Au point que se développe une mode, celle du « combat proven ». En bon français : « a fait ses preuves au combat ». Autrement dit encore, la guerre devient une sorte de pub pour les vendeurs d'armes. Si bien que l'on finit par y aller, sans plus très bien savoir pourquoi. Vous pensez que je vais trop loin ? Voici pourtant ce qu'écrivait Florence Parly, ministre des Armées, dans le dernier rapport officiel sur nos exportations d'armes : « Le montant des exportations s'élève à 8,33 milliards d'euros. Une offre appréciée (sic), car elle sait s'adapter aux besoins des armées des pays clients et sait interagir avec les industries de défense étrangères. Une offre également variée, des grands programmes d'armement aux petits équipements, et des innovations de nos PME françaises qui sont partie prenante de la vitrine du savoir-faire et de l'excellence française. » Une belle prose de marketing, banale quand on vend des automobiles, des avions ou des trains, mais qui donne le haut-le-cœur quand il est question d'armement. La France et notre industrie militaire ont une part de responsabilité dans le désordre qui secoue une partie du monde. Et cela doit bien sûr nous interroger. Surtout quand nos ventes d'armes servent à tuer des civils. Et cela en contradiction avec des traités que la France a elle-même signés. La paix n'est pas un slogan, c'est un état d'esprit et il doit se traduire en actes. La modification de la politique étrangère de la France vers un engagement plus pacifique aura des conséquences concrètes sur notre économie. C'est pourquoi il faut impérativement associer un tel tournant à une politique qui permette de réorienter les entreprises et les salariés concernés vers des usages plus pacifiques de leurs spécialités.

Que chaque pays se dote de moyens suffisants pour assurer sa défense est légitime. À quoi sert une armée ? À protéger ses intérêts partout où ils sont menacés, à l'intérieur comme à l'extérieur. Mais le cadre doit être bien défini. Quand les militaires sont requis, depuis plusieurs années, dans le cadre de l'opération Sentinelle, parce qu'ils coûtent moins cher que des policiers, la mission est-elle appropriée ? Je ne le pense pas. En tout cas, l'utilisation permanente de nos forces armées dans ce contexte nuit à l'impact psychologique d'un tel déploiement, à la fois sur les troupes, dont l'engagement perd du sens, et sur les populations, qui voient des militaires sur leur sol.

Ces moyens seraient sans doute plus efficaces ailleurs, par exemple, dans la défense de notre « zone économique exclusive », qui va de nos côtes jusqu'à 200 milles marins au large. Nous possédons le deuxième plus grand territoire maritime du monde, en raison de notre présence sur tous les océans. Pourtant, l'État n'est pas capable de le surveiller ni de se faire respecter. Nos zones de pêche sont parfois littéralement pillées par des pays peu scrupuleux et nous sommes incapables de réagir. Voilà une utilisation de notre armée qui me paraît juste, tout comme l'est naturellement la protection de nos ressortissants à l'étranger quand ils sont en danger, et la lutte contre le terrorisme. La France doit en revanche mettre fin à l'opération Barkhane, de plus en plus contestée par les populations locales et qui n'atteint aucun des objectifs affichés, en particulier la pacification de la région et l'éradication des groupes islamiques. Ce retrait doit se faire en renforçant les missions des forces de l'ONU de l'opération Minusma et en impulsant la restauration du pouvoir des États sur des bases démocratiques.

Il faut sortir de l'Otan

Pour changer radicalement d'orientation diplomatique et militaire comme je le propose, encore faut-il avoir la maîtrise de nos opérations et du matériel utilisé. Or nous avons perdu beaucoup de souveraineté au cours des dernières années, du fait de notre soumission à l'Otan. Ce traité n'a plus lieu d'être. Aujourd'hui, l'organisation est au service de l'industrie de l'armement des États-Unis et protège leurs intérêts. Le pacte de Varsovie qui unissait les pays alliés de l'URSS est tombé. Le traité de l'Atlantique Nord doit faire de même. C'est une résurgence de la guerre froide, inutile et dangereuse. Quand l'Otan mène des opérations militaires à la frontière russo-norvégienne, en faisant parader des milliers de soldats quasiment sous les yeux de Poutine, quel est l'objectif? Montrer ses muscles pour renforcer la suprématie du monde occidental? L'Otan est d'autant plus encombrante que son traité oblige ses États membres à dépenser 2 % de leur produit intérieur brut pour leurs armées. Donald Trump a remis au goût du jour cette obligation que les États non respectueux avaient pris la peine de mettre sous le tapis. L'Allemagne en tête. Mais ce coup de menton de Trump a obligé tout le monde à mettre la main au portefeuille, avec l'objectif premier d'alimenter les industries de l'armement américaines, comme si nous n'étions plus souverains pour la gestion de notre budget national.

La France a obéi aux injonctions de Trump et a porté son budget militaire de 31,6 milliards d'euros en 2016 à plus de 41 milliards en 2020. Cette escalade périlleuse nous conduit à renforcer lourdement un armement nucléaire déjà source de tant de menaces pour la survie de la planète. L'exécutif y consacre environ 5 milliards d'euros par an depuis 2020, soit un peu plus de 14 millions d'euros par jour, contre environ 3,6 milliards en 2018, avant d'atteindre les 6 milliards en 2025. Au terme de l'actuelle loi de programmation militaire, 37 milliards d'euros – soit 12,5 % de l'enveloppe totale de la Défense sur sept ans – seront dédiés à l'entretien et à la modernisation de l'arsenal nucléaire français d'ici à 2025, dans ses deux composantes (force océanique stratégique et force aérienne stratégique). Le budget de la dissuasion nucléaire va ainsi bondir de 60 % par rapport à la loi de programmation militaire précédente. C'est une véritable course folle dont nous risquons de ne plus maîtriser la trajectoire, menée en outre en violation de nos engagements internationaux, notamment contre le Traité sur la non-prolifération des armes nucléaires. Un texte qui exige des États dotés des armes nucléaires qu'ils désarment leur arsenal au plus vite.

C'est pourquoi je souhaite que la France se retire sans délai de l'Otan. Nous devons également avancer vers une signature du Traité sur l'interdiction des armes nucléaires (Tian) sous le contrôle des instances internationales de vérification proposées par le Traité sur la non-prolifération comme l'Agence internationale de l'énergie atomique. Le Tian a été adopté par les Nations unies le 7 juillet 2017, avec l'appui de 122 États, mais pas celui de la France. Il prend sa source dans le cadre d'une opposition grandissante des États non dotés de l'arme nucléaire, qui disent en quelque sorte aux quelques détenteurs : « Stop, on en a assez, maintenant, respectez les engagements pris dans le cadre du Traité de non-prolifération il y a cinquante ans et supprimez ces armes qui sont une menace pour les humains et notre planète. » Après le bannissement des armes biologiques et chimiques, l'entrée en vigueur du Tian, le 22 janvier 2021, représente un fantastique espoir pour prohiber les armes de destruction massive et les rendre illégales au regard du droit international. La France doit mener une action positive et forte auprès des autres pays détenteurs de l'arme nucléaire pour faire en sorte d'atteindre un désarmement nucléaire vérifiable, irréversible et multilatéral, plutôt que de camper à leurs côtés dans une obstruction anachronique et belliqueuse. Si un président de la République française appelait à l'organisation d'une conférence internationale pour la dénucléarisation du monde, je suis convaincu que la pression populaire rendrait difficile le refus d'y participer. Ratifier le Tian et enclencher un processus de désarmement mutuel permettraient en outre de libérer des moyens considérables, pour la recherche et les hôpitaux publics par exemple. Pour la sauvegarde de l'humanité. Rien que pour la France, cela équivaudrait à plusieurs dizaines de milliards d'euros sur quinze ans. Pour les États-Unis, le budget du nucléaire militaire se chiffre en centaines de milliards sur la même période…

Ce sont des combats très difficiles à mener, j'en ai conscience. Mais dans l'attente de les remporter, nous pouvons au moins engager notre propre désescalade, tout en maintenant un niveau de sécurité suffisant. Figurer sur le podium mondial des exportateurs d'armes aux côtés des États-Unis et de l'Allemagne n'est en rien une fierté. En cinq ans, nos exportations ont augmenté de 44 %, principalement au bénéfice du Moyen-Orient, sous l'impulsion de l'Arabie saoudite, de l'Égypte et du Qatar. Pour quels résultats ? Et pour quelle image de la France dans des régions martyrisées par les conflits ?

Notre base industrielle et technologique de défense permet de pourvoir à 95 % de nos besoins. Je ne suis pas hostile à une coopération militaire à l'échelle de l'Union européenne, mais la défense fait partie des politiques dont les pays doivent garder la maîtrise. Il n'est pas admissible de se laisser entraîner dans une guerre parce que les États-Unis et l'Otan l'auraient décidé. D'autant plus quand siège dans cette instance la Turquie, dont les offensives contre la Grèce, les exactions contre les Kurdes ou la participation aux massacres d'Arméniens au Haut-Karabagh en font davantage un adversaire agressif qu'un partenaire loyal.

Ce qui est en train de se passer au Rojava est inadmissible. Cette région du nord de la Syrie, où est installée une mosaïque d'ethnies au sein de laquelle les Kurdes forment la plus grande minorité, est brutalisée par la Turquie. Elle est empêchée de mener à bien une véritable révolution laïque, féministe, démocratique et pacifique, reposant sur le pouvoir de multiples conseils, des quartiers jusqu'aux régions. Cette révolution dérange. Le retrait des troupes américaines a ouvert la voie à un véritable nettoyage ethnique anti-kurde par l'armée turque, qui a permis également de limiter l'impact de cette révolution. Pillages massifs, confiscations de biens, détentions arbitraires, tortures, disparitions, assassinats ou attentats rythment désormais un quotidien aux allures d'enfer. Martyrisées, les populations tentent de fuir par milliers un territoire transformé par les militaires turcs et leurs supplétifs islamistes, issus pour certains des rangs de Daech. Dans cette tourmente, la France n'a rien fait pour contrer le retrait des troupes américaines et s'est contentée de quelques condamnations verbales face aux massacres perpétrés par les troupes d'Erdogan. Les peuples du Rojava ont été les seuls à combattre au sol contre Daech, et voilà comment nous remercions ces alliés! Le constat m'attriste profondément, nous avons en quelque sorte trahi le peuple kurde.

Depuis l'annexion en 2018 du canton d'Afrin par la Turquie, avec l'accord tacite des grandes puissances engagées dans le conflit syrien, le Parti communiste français a toujours exprimé sa solidarité avec le peuple kurde et les Forces démocratiques syriennes (FDS). Aucune solution politique ne peut être durable sans le respect du droit des populations, de la démocratie et de la paix. C'est pourquoi je souhaite que la France renoue avec ses valeurs et conduise une action au niveau international pour exiger le retrait de la Turquie du territoire d'Afrin et garantir la protection des habitants du Rojava.

Contre le terrorisme, une république laïque, sociale et solidaire

Le terrorisme est désormais une réalité qui hante notre quotidien. J'écris ces lignes quelques heures après l'odieux assassinat d'une fonctionnaire de police à Rambouillet. Mon cœur se fige à la pensée de cette courageuse mère de famille, fauchée à son tour après tant de victimes innocentes. La majorité des attentats commis sur notre sol l'ont été par des Français, radicalisés parfois seulement au bout de quelques semaines. Certains sont atteints de troubles psychologiques, mais d'autres agissent froidement, tuent au nom d'un combat politique, l'islamisme radical. Soyons précis avec les mots, car tout amalgame entraîne des effets dévastateurs. L'islam est une religion qui ne se confond pas avec l'islamisme radical, dont le djihadisme est une version violente et meurtrière. Les assassins qui s'en réclament ne doivent pas être le prétexte à jeter l'anathème sur le 1,3 milliard de musulmans.

Personne ne peut plus nier l'ampleur de la menace qui pèse sur nous : la mouvance islamiste existe, s'implante et se développe. Il nous faut la combattre sans état d'âme et avec détermination. Comment? Les réponses se déclinent à court et à moyen terme. Dans l'immédiat, il faut bien sûr créer toutes les conditions pour parer aux attaques, c'est-à-dire traquer, isoler et mettre hors d'état de nuire ces agresseurs. Cette tâche incombe aux services de renseignement autant qu'aux forces de l'ordre, dont l'engagement sans faille et le professionnalisme ont permis d'éviter de nombreux drames supplémentaires. Tout cela doit s'inscrire dans le strict respect de l'État de droit. S'en affranchir reviendrait à installer un climat de guerre, que recherchent précisément les terroristes. Notre pays possède un arsenal juridique solide, qu'il est toujours possible de renforcer. Nous avons ainsi soutenu quelques dispositions de la loi Sécurité globale ou de celle confortant les principes républicains, chaque fois qu'elles apportaient des protections supplémentaires pour les citoyens.

Mais parer au plus pressé avec des mesures coercitives ne peut pas être le seul horizon, au risque d'y perdre peu à peu nos libertés. Nous devons être capables de faire vivre à long terme le droit à la sécurité, à la tranquillité de chacun, dans une République apaisée, laïque et sociale. Au-delà des mots, trop souvent accommodés à toutes les sauces, une telle ambition suppose de vrais choix politiques et financiers. Quels moyens engage-t-on pour promouvoir une réelle mixité sociale dans le logement ? Quelles dotations accorde-t-on aux communes pour déployer sur le terrain les principes de notre devise républicaine ? Quelle importance donne-t-on à la vie associative pour développer le lien social, le sport pour tous, le rayonnement de la culture ? En réduisant fortement l'aide de l'État dans ces trois domaines, le gouvernement a apporté une réponse éloquente durant ce premier mandat.

Pour notre part, nous considérons ces actions comme des piliers essentiels pour assécher le terreau du terrorisme. Jamais je n'excuserai la violence. Jamais. Mais concentrer nos efforts sur la seule dimension répressive reviendrait à nier ou à simplifier les causes profondes des violences qui nous frappent. Pour faire reculer les frustrations et les exclusions sur lesquelles prospère le fanatisme, je préfère utiliser tous les ressorts d'un pacte social renforcé plutôt que de m'en remettre à la loi des armes.

Ne soufflons pas sur les braises d'une guerre de religion extrêmement périlleuse. Les principes de la loi de 1905, qui permet à chacun de croire, ou de ne pas croire, de pratiquer son culte librement dans la sphère privée, sans ingérence dans les décisions publiques, garantissent un équilibre précieux, unique au monde même. Cette fragile harmonie est pourtant de plus en plus remise en cause par certains, dans la revendication affichée d'un choc de civilisations. L'extrême droite ne craint pas d'attiser un racisme sous-jacent, avec parfois le renfort d'une partie de la droite. Le débat au Sénat sur la loi confortant les principes républicains, au printemps, m'a plongé dans un profond malaise. Prétendre interdire le voile dans l'espace public, et rien que lui, à l'exclusion des autres signes religieux, n'était pas une invitation au débat, mais simplement la stigmatisation d'une religion, l'islam, devenue pour certains une obsession malsaine. Il faut rompre avec ce climat délétère, incompatible avec la fraternité à laquelle aspire plus que jamais notre peuple.

N'ayons pas peur des autres. La mondialisation au service du capitalisme n'est source d'aucun progrès. Elle mène tout droit l'humanité dans le chaos et l'injustice. Ne cédons pas pour autant à la tentation du repli sur soi. L'heure est venue de s'ouvrir encore plus aux autres, de construire de nouvelles relations internationales, généreuses à l'égard des populations en souffrance, ambitieuses pour le développement économique, protectrices pour l'environnement et guidées par un seul grand dessein : la promotion de la paix dans le monde.